CONCILIATION INTERNATIONALE

L'organisation de l'Union Interparlementaire

OBSERVATIONS PRÉSENTÉES A LA CONFÉRENCE DE BRUXELLES

PAR M. D'ESTOURNELLES DE CONSTANT

AVEC LA LISTE DES MEMBRES DU GROUPE PARLEMENTAIRE FRANÇAIS DE L'ARBITRAGE AU 1er JUILLET 1910 (SUIVIE DE CARTES & DE GRAPHIQUES).

N° 8 – SEPTEMBRE

DELAGRAVE, ÉDITEUR, PARIS

1910

L'organisation de l'Union

* * *

Chaque année apporte un progrès nouveau à l'organisation de l'Union, mais chaque progrès fait ressortir ce qui manque pour que la collaboration de tous les Parlements du Monde devienne un acte normal, régulier, efficace.

Cependant le besoin de cette collaboration est si général et si évident que l'opinion peut s'y tromper et attendre de nos bonnes volontés, tant bien que mal associées, des résultats qui ne se réaliseront pas. Elle se trouvera déçue ; elle croira que nous nous sommes fait des illusions ou que nous l'avons égarée ; nous donnerons ainsi des armes contre nous aux sceptiques, aux chauvins et à la grande presse internationale des fournisseurs du matériel de guerre.

Le devoir de quiconque, parmi nous, consacre son activité à l'amélioration des relations extérieures parallèlement au développement intérieur de son pays est de contribuer à l'organisation de l'Union de telle sorte qu'elle suive, sans trop de retard, le progrès de l'organisation de la Justice internationale, progrès stimulé impérieusement par celui des communications matérielles entre les peuples.

L'Union est encore dans un état rudimentaire de formation ; elle vit par la grandeur des aspirations de ceux qui l'ont créée, par le dévouement d'un petit nombre d'hommes passionnément et fidèlement attachés à son existence, par la force enfin de sa raison d'être, mais elle est inorganisée et par conséquent fragile. Cela est naturel, inévitable.

Dans chaque pays, chaque Parlement a déjà bien assez à faire pour assurer sa conservation contre les plus violentes attaques, contre les pires manœuvres ; trouvera-t-il le temps, les moyens de chercher dans une association lointaine et compliquée la force propre dont il a besoin ?

Les meilleurs, parmi les représentants plus ou moins éphémères qui comprennent la nécessité de cette association, sont absorbés, débordés par leurs luttes et leurs obligations nationales, locales ; les autres dédaignent nos efforts, les raillent ou les ignorent. En sorte que l'Union n'est qu'une représentation imparfaite et sans mandat des divers Parlements dont elle émane.

Un autre danger la menace. Le goût du tourisme se répand ; beaucoup de parlementaires veulent profiter de leurs vacances pour voyager avec leurs familles ; certains d'entre eux voient dans nos réunions les fêtes, les excursions, autant, sinon plus, que les conférences et les travaux ; l'accroissement si remarquable de nos adhérents correspond au développement du tourisme en même temps qu'au progrès de nos idées. Nous sommes loin de nous en plaindre ; tout se tient ; les relations personnelles qui se nouent dans nos conférences aboutissent à dissiper bien des préventions internationales, mais, si l'on fait trois parts des membres de l'Union, — ceux qui répondent à ses convocations, ceux qui prennent part à ses travaux et ceux qui votent, — on constatera que ces trois parts sont très inégales et variables, et on comprendra que, jusqu'à ces dernières années, les résolutions de l'Union n'aient pas eu l'écho et par conséquent la sanction qu'il eût fallu dans chaque Parlement.

De grandes améliorations ont été réalisées, tout récemment encore, et, avant tout, la création d'un Secrétariat général, cheville ouvrière impartiale et indispensable de l'institution, puis un commencement de budget fourni respectivement non pas seulement par de généreuses initiatives individuelles mais par les Parlements respectifs, par les Etats. Ce sont là des progrès d'une portée incalculable, sans parler des autres ; mais c'est précisément ce qui nous autorise et nous oblige à profiter de la réunion de Bruxelles pour signaler à nos collègues le vice fondamental de notre organisation.

Beaucoup d'entre nous arrivent aux conférences sans aucun mandat ; ils peuvent appartenir à de très grands pays, à de très puissants Etats et cependant, pour des motifs accidentels ou autres, ne parlent qu'en leur seul nom individuel, sans engager personne avec eux ; ils peuvent susciter dans l'Union une action dont leur Parlement se désintéresse ou peut-être même n'a pas connaissance ; car il est souvent plus facile de discuter impartialement les questions extérieures à l'étranger que dans son propre pays.

L'Union a grand intérêt à savoir dans quelle mesure les orateurs qui cherchent à l'entraîner agissent chez eux. Elle a grand intérêt à exiger que chacun fasse connaître exactement au nom de qui il parle ; au nom de quel groupement. S'agit-il d'un membre isolé ? il n'en aura peut-être qu'un plus haut mérite ; il peut avoir raison contre l'indifférence ou l'ignorance générales ; mais encore est-il nécessaire que l'Union sache à quoi s'en tenir sur les appuis à espérer comme sur les résistances à vaincre. Elle ne le saura que si chaque groupe est régulièrement inscrit, avec tous ses membres nominativement, sur son registre central, et si tous les membres de chaque Groupe paient une cotisation personnelle, si minime soit-elle, représentant en quelque sorte leur droit d'inscription.

C'est en vain que l'Union, invoquant heureusement le progrès immense des idées de conciliation et de justice internationales, obtiendra des Etats les moyens d'organiser son Secrétariat général et de constituer son budget, si elle n'exige pas, par corrélation, que chacun des Groupes nationaux dont elle est formée contribue, lui aussi, à l'organisation générale par le progrès de son organisation particulière. A quoi bon obtenir que les Gouvernements couronnent au sommet un faisceau d'efforts dont nous aurons négligé d'assurer la base ?

Quelques groupes bien organisés travailleront seuls pour tous les autres ; leur travail compromis, faute d'être soutenu par l'ensemble des groupes, sera jugé négligeable ou même contestable, et les Gouvernements, les Parlements eux-mêmes, ne tarderont pas à revenir sur les décisions qu'ils auront prises en notre faveur. Cela est inadmissible. Nous ne cesserons de le répéter : l'Union vaudra ce que vaudront les groupes nationaux qui la composent. C'est donc la bonne organisation des groupes nationaux qui doit faire l'objet de notre effort le plus énergique et le plus urgent.

C'est pourquoi nous avons soumis les observations qui suivent à la commission spéciale chargée de rechercher le nombre des votes à attribuer dans les conférences de l'Union à chacun des groupes nationaux qui la constituent. S'il est impossible de concevoir qu'un sénateur ou un député puisse, sans engager en rien sa propre responsabilité, demander à l'Union de s'engager sur une question qu'il n'a pas cru devoir soumettre à ses propres compatriotes, il est également inconcevable que, pour de simples raisons géographiques par exemple, la majorité de l'Union soit obtenue par les voix des membres qui habitent le pays où siège la conférence ou les pays limitrophes, au détriment, pour ne pas dire à l'exclusion, de ceux qui habitent au delà de l'océan pacifique ou atlantique.

Une règle doit donc déterminer la répartition des votes dans les conférences de l'Union ; cette règle s'impose d'autant plus qu'en l'adoptant nous serons amenés à faire un pas de plus, et, à notre sens, le pas décisif dans l'organisation de l'Union.

D'ESTOURNELLES DE CONSTANT.

P.-S. — Nous joignons à ces observations et nous recommandons à l'attention de nos collègues des Parlements étrangers la carte que nous faisons dresser, à Paris, au moins une fois par législature, à l'appui de notre liste des membres du groupe de l'Arbitrage. C'est un excellent moyen de contrôle de notre organisation en même temps qu'un moyen d'action efficace. Cette carte établit, au premier coup d'œil, le fort et le faible de notre recrutement ; on y voit que tous les départements français, sans une seule exception, sont représentés au groupe, ce qui est important au point de vue de la diffusion de nos idées et de l'éducation générale de l'opinion ; en outre, on y voit tels départements représentés au grand complet, tels autres plus pauvrement, tels enfin au minimum, selon la région. Nous sommes à même d'apprécier ainsi quelles sont les régions où doit porter notre effort ; quels sont aussi les progrès réalisés d'une législature sur l'autre. La comparaison de la carte de 1908 et de celle de 1910 est extrêmement intéressante.

E. C.

UNION INTERPARLEMENTAIRE

Bruxelles, le 30 Juin 1910.

Observations présentées par M. d'ESTOURNELLES de CONSTANT concernant le chiffre de voix a attribuer dans les Conférences de l'UNION a chacun des Groupes Nationaux qui la constituent.

La réorganisation de l'Union est subordonnée au bon recrutement et au bon fonctionnement des groupes nationaux qui la constituent, mais, dès à présent, un réglement général est nécessaire pour que, dans les conférences de l'Union, chacun des groupes vote selon son importance réelle et non pas au hasard des membres plus ou moins présents et absents.

Sur ce point nous sommes tous d'accord, et de même sur la nécessité d'empêcher le groupe du pays qui reçoit les autres groupes d'abuser de la présence de tous ses membres pour former une majorité à lui tout seul ; mais, cela dit, que faut-il entendre par l'importance d'un groupe national ?

Cette importance tiendra-t-elle à la richesse, à l'activité commerciales, à la population, à la superficie du pays que représente le groupe ?

Telles sont les questions examinées successivement par l'honorable M. La Fontaine dans son rapport et discutées à Bruxelles dans notre séance du 29 Juin 1910.

Voici notre opinion :

1° La richesse d'un pays, pas plus que son commerce d'exportation, ne peut déterminer le nombre des voix auxquelles il a droit. Ce serait rétablir le suffrage censitaire et rétrograder, alors que partout, au contraire, le suffrage tend à s'universaliser.

2° Le chiffre de la population ou la superficie ne fournit pas davantage une base acceptable. Certains pays, parmi les plus peuplés et les plus étendus, étant encore à peine organisés au point de vue parlementaire et n'ayant par conséquent pas le droit de prétendre à un plus grand nombre de voix que les autres, leur représentation serait une sorte de trompe l'œil, ou tout au moins une apparence ne correspondant pas à l'autorité réelle qu'elle tiendrait du chiffre élevé de ses voix. Il convient de tenir compte aussi des différentes civilisations de ces populations et de l'inévitable insuffisance des statistiques qui évaluent leur nombre à la légère, à des millions près, pour ne pas dire à cent millions près. La question des populations coloniales non représentées se poserait d'ailleurs et compliquerait encore la solution.

3° Reste la question des catégories. On propose de diviser les Puissances en classes : les très grandes, les grandes, les moyennes, les petites et les plus petites.

Cette classification difficile aboutirait à des résultats arbitraires et choquants.

En reléguant dans un rang inférieur certaines Puissances, en raison de leur superficie ou de leur commerce peu étendus, de leur population ou de leurs armées peu nombreuses, l'Union peut sacrifier des sources de civilisation élevées et non moins actives peut-être que d'autres plus imposantes ; elle peut sacrifier le progrès, l'avenir en formation ; elle peut affaiblir enfin ses adhérents les plus dévoués. Si, au contraire, elle les place dans une catégorie supérieure, en raison de leur valeur morale, elle ne fera pas moins de mécontents. A-t-elle le droit, d'ailleurs, de prononcer. au détriment des uns et au bénéfice des autres, une série de discriminations ? A-t-elle intérêt à réduire l'action de tel ou tel pays, petit mais actif et foncièrement dévoué à la cause de l'Arbitrage, pour donner la prépondérance et le maximum des voix à un pays peut-être indifférent, fermé ou hostile ?

Autant de questions posées, autant de cas de conscience. L'Union étant par excellence la représentation des principes de Justice, elle ne peut, sans compromettre son autorité et sa raison d'être, adopter aucune solution arbitraire.

Il faut donc chercher autre chose. Voici la proposition qui, si imparfaite soit-elle encore, nous paraît la plus équitablement pratique et acceptable, en attendant que le progrès des diverses organisations parlementaires permette d'adopter le seul système définitivement équitable : une voix par Parlement.

Cette solution consiste à substituer à la composition encore très vague de l'Union des éléments précis, recrutés au grand jour de la publicité nécessaire au contrôle de toute organisation parlementaire.

Il suffirait, pour obtenir ce résultat, d'accorder à chaque groupe national autant de voix qu'il comptera de dizièmes du chiffre total du Parlement qu'il représente. Par exemple : un groupe comptant dix membres et représentant un Parlement de cent membres n'aurait qu'une voix ; un groupe comptant cent membres et représentant un Parlement de mille membres n'aurait également qu'une voix. Si ces deux groupes comptaient l'un trente membres sur cent membres et l'autre 300 membres sur 1.000, ils auraient tous les deux 3 voix.

On a objecté que le Parlement le moins nombreux serait sacrifié ; c'est tout le contraire, car il est plus facile de réunir dix membres sur cent que cent sur mille dans un Parlement ; l'expérience le prouve.

Ainsi l'Union ne reconnaîtrait d'autre supériorité que celle de l'attachement au principe de l'Arbitrage et ne favoriserait en fait que les meilleurs serviteurs de sa propagande. Elle encouragerait les groupes nationaux les mieux constitués, et, par là, elle assurerait son avenir puisque son existence ne vaut que par la bonne organisation des groupes dont elle est formée.

L'une des objections à ce système serait le danger des groupes improvisés pour la circonstance, mais ce danger est si manifeste que, sans plus attendre, nous avons dès longtemps décidé, sur la proposition de Lord Weardale, que les membres du groupe du pays où la conférence se réunit ne pourront disposer d'un nombre de voix supérieur à celui du groupe qui en a le plus ; sans cette précaution élémentaire, le pays qui reçoit l'Union aurait aisément, à lui seul, la majorité sur tous les autres ; c'est le danger de tous les congrès internationaux, nationaux et même régionaux ; et c'est précisément ce danger qui nous dicte le remède, c'est-à-dire le bon recrutement, l'organisation régulière de chacun des groupes nationaux. Sinon c'est l'envahissement des uns, la défection ou l'écrasement des autres, un simulacre de congrès. Pas de congrès sérieux sans organisation sérieuse des divers groupes qui le composent ; pas d'organisation sérieuse qui ne soit écrite, publiée, connue de tous : en d'autres termes, pas de congrès dont les divers groupes adhérents n'aient pas produit à l'avance la liste nominale de leur bureau et de leur membres, et n'aient pas versé leur cotisation annuelle à l'Union, indépendamment de leurs cotisations d'ordre intérieur.

Cette double précaution, véritable constitution de l'état-civil de l'Union, est essentielle ; suivant qu'elle sera plus ou moins bien observée, elle donnera la mesure de la vitalité et de la sincérité de chaque groupe ; c'est bien pourquoi d'ailleurs elle est si souvent éludée ; mais elle apportera d'autre part à l'Union sa principale garantie de durée, en lui permettant de savoir sur qui elle s'appuie, dans quelle voie et jusqu'à quel point elle peut compter être soutenue.

Que jusqu'à présent l'Union n'ait pas crû pouvoir établir ses cadres autrement que dans les grandes lignes et déterminer ses effectifs, pays par pays, rien de plus naturel et peut-être même de plus sage, mais, à présent, la période des préventions à dissiper est passée ; l'opinion ne demande qu'à seconder l'Union dans les efforts qu'elle tentera pour s'organiser.

La prochaine étape de notre organisation doit être la publication régulière, par les soins de notre Secrétaire Général, d'un annuaire de l'Union contenant l'état-civil de chacun des groupes qui la composent, c'est-à-dire la réunion en un seul volume des différents annuaires de chaque pays.

Cette publication rendra impossible l'improvisation d'un groupe occasionnel ; elle fera connaître quels sont les groupes admis dans l'Union et quelle est leur importance respective ; quels sont les absents ; elle permettra d'établir, séance tenante, les calculs nécessaires pour fixer le chiffre des voix de chacun ; elle règlera implicitement la question du vote par correspondance en permettant, par exemple, au mandataire d'un groupe nombreux mais très éloigné d'apporter les voix attribuées à ce groupe ; elle établira le lien qui manque trop souvent aux membres de l'Union, lesquels s'ignorant les uns les autres ne peuvent se consulter et se grouper pour l'étude des questions diverses qui les intéressent en commun ; elle fournira le moyen pour les membres des divers Parlements d'échanger des correspondances, de préparer des projets individuels, pendant les longs intervalles des sessions et de se retrouver plus facilement et plus utilement pendant les sessions. Elle facilitera la constitution du bureau, des commissions et des services de l'Union. Elle éveillera enfin dans chaque Pays une émulation trop faible et trop rare aujourd'hui ; chacun pouvant comparer désormais l'effort du voisin avec le sien, le progrès de l'organisation générale de l'Union s'établira au niveau des groupes les mieux constitués ; elle contribuera puissamment à l'éducation générale de l'opinion.

En résumé, le système que nous préconisons, jusqu'à nouvel ordre, et sans méconnaître ses imperfections, aboutit à substituer la lumière à l'obscurité qui paralyse les travaux de l'Union ; il accorde une véritable prime aux groupes nationaux les mieux constitués, pour le plus grand profit de l'ensemble de l'Union.

D'ESTOURNELLES DE CONSTANT.

Liste des Membres

du

Groupe Parlementaire français

de l'Arbitrage.

GROUPE PARLEMENTAIRE FRANÇAIS DE L'ARBITRAGE

" Pro Patria per Orbis concordiam "

Liste des Membres
et composition du Bureau
au 1er Juillet 1910

Présidents d'honneur

MM. M. BERTHELOT †, WALDECK-ROUSSEAU †, LÉON BOURGEOIS, A. DE COURCEL, ALBERT DECRAIS, CH. DE FREYCINET, EMILE LABICHE, Sénateurs. P. DESCHANEL, Député.

Président Fondateur

M. D'ESTOURNELLES DE CONSTANT, Sénateur.

Vice-Présidents

MM. BOUDENOOT, BAUDIN, ETIENNE FLANDIN, GUÉRIN, G. MÉNIER, PEYTRAL, POIRRIER, Sénateurs ;

MM. DE LA BATUT, BEAUQUIER, BERTEAUX, CLÉMENTEL, J. JAURÈS, Général PÉDOYA, J. SIEGFRIED, Députés.

Secrétaires

MM. Prince D'ALSACE D'HÉNIN, LÉON BARBIER, PH. BERGER, CODET, CORNET, COUYBA, JÉNOUVRIER, Sénateurs.

MM. AJAM, CHASTENET, HENRY CHÉRON, GODARD, LARQUIER, Abbé LEMIRE, MESSIMY, A. MÉTIN, Députés.

Membres du Comité d'Action

MM. BIDAULT, BONNEFOY-SIBOUR, CAUVIN, DAVID HENRI, EMPEREUR, GERVAIS, GOIRAND, LE ROUX, MOLLARD, NOEL, PAMS, A. PÉRIER, POIRSON, RAMBOURGT, A. RATIER, RIVET, SURREAUX, Sénateurs.

MM. LOUIS BAUDET, EMILE BENDER, BOUHEY-ALLEX, BOZONET, COLIN, COUESNON, ROBERT DAVID, DOISY, DUMESNIL, DUTREIL, JAVAL, DE KERGUÉZEC, LA TRÉMOILLE, prince de TARENTE, LEBOUCQ, DES LYONS, MALAVIALLE, MOUCHEL, MUTEAU, PAINLEVÉ, P. BONCOUR, JOSEPH REINACH, SCHMIDT, Députés.

Questeurs

MM. PEDEBIDOU, TILLAYE, Sénateurs ;

MM. FÉLIX POULLAN, VICTOR MOREL, Députés.

Secrétariat permanent

Secrétaire permanent : M. H. FROMAGEOT, jurisconsulte, représentant du Ministère des Affaires étrangères à la deuxième Conférence de La Haye.

Secrétaires-Adjoints : MM. PIOGEY, Commis principal

à la bibliothèque du Sénat ; PIERRE JAUDON, Docteur en Droit.

Trésorier : M. WOILLET, attaché à la Questure de la Chambre des Députés.

*

MM. les Sénateurs

AGUILLON (Deux-Sèvres) ; AIMOND (Seine-et-Oise) ; D'ALSACE D'HÉNIN (Vosges).

BARBIER Léon (Seine) ; BASIRE (Manche) ; BAUDIN (Ain) ; BEAUFIN (Nièvre) ; BEAUVISAGE (Rhône) ; BELLE (Indre-et-Loire) ; BEPMALE (Haute-Garonne) ; BERGER Philippe (Haut-Rhin) ; BERSEZ (Nord) ; BESNARD (Yonne) ; BIDAULT (Indre-et-Loire) ; BIENVENU-MARTIN (Yonne) ; BLANCHIER (Charente) ; BOISSIER (Allier) ; BOIVIN-CHAMPEAUX (Calvados) ; BONNEFOY-SIBOUR (Gard) ; BOUDENOOT (Pas-de-Calais) ; BOURGEOIS Léon (Marne) ; BOYER Antide (Bouches-du-Rhône) ; BRISSON (Charente).

CALVET (Charente-Inférieure) ; CAUVIN (Somme) ; CAZENEUVE (Rhône) ; CHAMBIGE (Puy-de-Dôme) ; CHABERT (Drôme) ; CHAUMIÉ (Lot-et-Garonne) ; CHAUTEMPS Emile (Haute-Savoie) ; CHOLLET (Loire) ; COCULA (Lot) ; CODET Jean (Haute-Vienne) ; COMBES (Charente-Inférieure) ; CORNET (Yonne) ; DE COURCEL (Seine-et-Oise) ; COUYBA (Haute-Saône).

DAUMY (Cher) ; DAVID Henry (Loir-et-Cher) ; DECRAIS (Gironde) ; DEFUMADE (Creuse) ; DELHON (Hérault) ; DELPECH (Ariège) ; DESTIEUX JUNCA (Gers) ;

Doumergue (Gard) ; Dubost Antonin (Isère) ; Dufoussat (Creuse) ; Dupont Emile (Oise) ; Dupuy Jean (Hautes-Pyrénées).

Empereur (Savoie) ; Ermant (Aisne) ; d'Estournelles de Constant (Sarthe).

Fagot (Ardennes) ; Ferdinand Dreyfus (Seine-et-Oise) ; Fiquet (Somme) ; Flaissières (Bouches-du-Rhône) ; Flandin Etienne (Inde) ; Forichon (Indre) ; Forsans (Basses-Pyrénées) ; Fougeirol (Ardèche) ; de Freycinet (Seine).

Gabrielli (Corse) ; Gacon (Allier) ; Gauthier (Aude) ; Gauvin (Loir-et-Cher) ; Genet (Charente-Inférieure) ; Genoux (Haute-Saône) ; Gérente (Alger) ; Gervais (Seine) ; Goirand (Deux-Sèvres) ; Gouzy (Tarn) ; Grosjean (Doubs) ; Guérin (Vaucluse) ; Guillier (Dordogne) ; Guillemaut (Saône-et-Loire).

Hayez (Nord) ; Huguet (Pas-de-Calais) ; Humbert Charles (Meuse).

Jeannenay (Haute-Saône) ; Jénouvrier (Ille-et-Vilaine) ; Joufray (Isère).

Knight (Martinique).

Labbé (Orne) ; E. Labiche Eure-et-Loir) ; Lebert (Sarthe) ; Lecomte Maxime (Nord) ; Lemarié (Ille-et-Vilaine) ; Le Roux (Vendée) ; Leygue Honoré (Hte-Garonne) ; Leygue Raymond (Hte-Garonne) ; Limouzain-Laplanche (Charente) ; Lintilhac (Cantal) ; Louis Blanc (Drôme) ; Lozé (Nord).

Magnin (Elu par l'Asemblée Nationale) ; Louis Martin (Var) ; Martinet (Cher) ; Mascuraud (Seine) ; Maujan (Seine) ; Maureau Achille (Vaucluse) ; Mazière (Creuse) ; Menier Gaston (Seine-et-Marne) ; Mercier Jules (Haute-Savoie) ;

MESSNER (Côte-d'Or) ; MILLAUD (Rhône) ; MILLIÈS-LACROIX (Landes) ; MOLLARD (Jura) ; MONIS (Gironde) ; MOUGEOT (Haute-Marne).

NÈGRE (Hérault) ; NOEL (Oise).

OBISSIER SAINT-MARTIN (Gironde).

PAMS (Pyrénées Orientales) ; PÉDEBIDOU (Hautes-Pyrénées) ; PÉLISSIER (Basses Alpes) ; PETITJEAN (Nièvre) ; PEYROT (Dordogne) ; PEYTRAL (Bouches-du-Rhône) ; A. PHILIPOT (Côte-d'Or ; PICHON Stéphen (Jura) ; PIC-PARIS (Indre-et-Loire) ; PINAULT (Ille-et-Vilaine) ; POIRRIER (Seine) ; POIRSON (Seine-et-Oise) ; POTIÉ (Nord) ; POULLE Guillaume (Vienne) ; PRADAL (Ardèche).

RAMBOURGT (Aube) ; RANSON (Seine) ; RATIER (Indre) ; RAYMOND Th. (Haute-Vienne) ; REY Emile (Lot) ; REYMOND (Loire) ; REYMONENCQ (Var) ; RINGOT (Pas-de-Calais) ; RIOTTEAU (Manche) ; RIVET (Isère) ; ROUBY (Corrèze) ; ROUSÉ (Somme) ; ROUVIER (Charente-Inférieure).

SAINT-GERMAIN (Oran) ; DE SAINT-QUENTIN (Calvados) ; SABATERIE (Puy-de-Dôme) ; SANCET (Gers) ; SAUVAN (Alpes-Maritimes) ; SCULFORT (Nord) ; STRAUSS (Seine) ; SURREAUX (Vienne).

THOUNENS (Gironde) ; TILLAYE (Calvados) ; TROUILLOT (Jura) ; TRYSTRAM (Nord).

VACHERIE (Haute-Vienne) ; VALLÉ (Marne) ; VELTEN (Bouches-du-Rhône) ; VIDAL DE SAINT-URBAIN (Aveyron) ; VIEU (Tarn) ; VILLE (Allier) ; VINET (Eure-et-Loir).

WADDINGTON Richard (Seine-Inférieure).

MM. les Députés

Adriani Louis (Corse) ; Ajam (Sarthe) ; **Alasseur** (Loiret) ; Aldy (Aude) ; Amiard (Seine-et-Oise) ; Andrieu (Tarn) ; Andrieux (Basses-Alpes) ; Aristide Briand (Loire) ; Armez (Côtes-du-Nord) ; **Astier** (Ardèche) ; Aubriot Paul (Seine) ; Aynard (**Rhône**).

Babaud-Lacroze (Charente) ; Bachimont (Aube) ; Baduel (Cantal) ; Balitrand (Aveyron) ; **Ballande** (Gironde) ; Bar Fernand (Pas-de-Calais) ; **Barthe** (Hérault) ; Barthou (Basses-Pyrénées) ; **Baudet Ch.** (Côtes-du-Nord) ; Baudet Louis (Eure-et-Loir) ; **Beauquier** (Doubs) ; Bénazet (Indre) ; **Bender** Emile (Rhône) ; Berniolle (Aube) ; **Berteaux** (Seine-et-Oise) ; Bertrand Lucien (Drôme) ; Besnard (Indre-et-Loire) ; Bignon Paul (Seine-Inférieure) ; Binet François (Creuse) ; Blanchard (Hte-Vienne) ; Boissel Victor (Mayenne) ; Boissel-Dombreval (Manche) ; Borrel (Savoie) ; Bouffandeau (Oise) ; Bouhey-Allex (Côte-d'Or) ; Bourély (Ardèche) ; Bourguet (Gard) ; Boutaut (Haute-Loire) ; Bouttié (Sarthe) ; Bouveri (Saône-et-Loire) ; Bouyssou (Landes) ; Bozonet (Ain) ; Braibant (Ardennes) ; Brard (Morbihan) ; Brenier (Isère) ; Breton J.-L. (Cher) ; Briquet Raoul (Pas-de-Calais) ; Brizon (Allier) ; Brousse Emmanuel (Pyrénées-Orientales) ; Jules Brunet (Dordogne) ; Louis Brunet (Seine) ; Buisson Ferdinand (Seine).

Cabrol (Aveyron) ; Caillaux (Sarthe) ; Camuzet (Côte-d'Or) ; Carnot François (Côte-d'Or) ; Cazauvieilh (Gironde) ; Ceccaldi (Aisne) ; Cels (Lot-et-Garonne) ; Charles Chabert (Drôme) ; de Chambrun (Lozère) ; Chamerlat (Puy-de-Dôme) ; Chapuis (Meur-

GROUPE PARLEMENTAIRE FRANÇAIS DE L'ARBITRAGE INTERNATIONAL

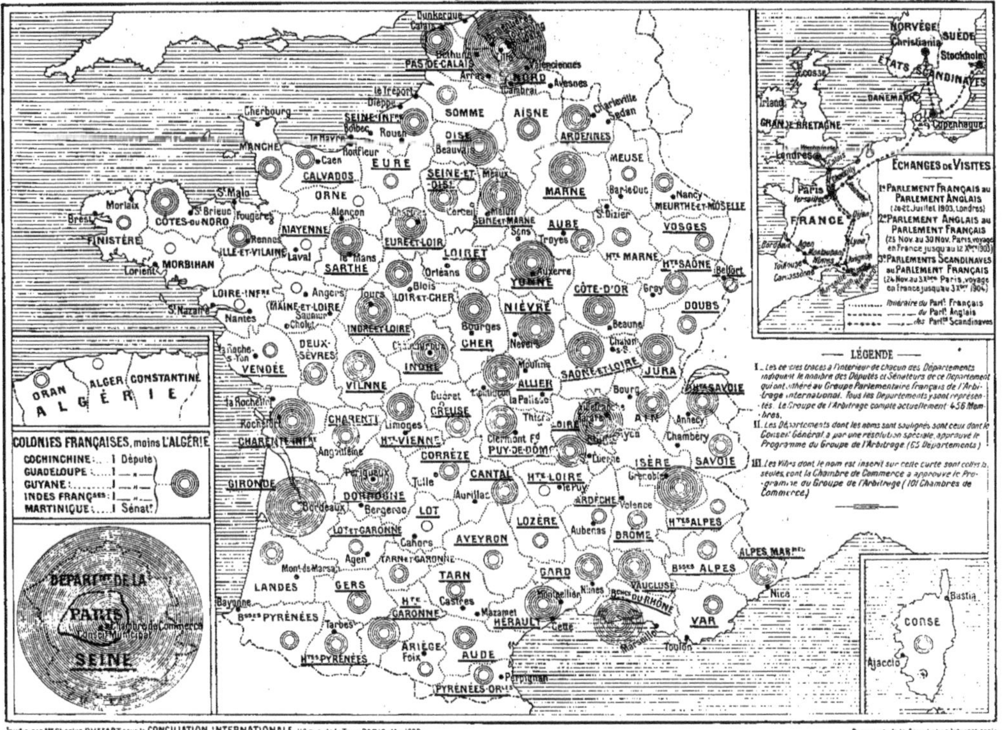

Étudié par Mr Charles DUFFART pour la CONCILIATION INTERNATIONALE, 119, rue de la Tour, PARIS, Mai 1908.

Document de la Conciliation Internationale

the-et-Moselle) ; Chapuis (Jura) ; Charles (Côte-d'Or) ; Chassaing (Puy-de-Dôme) ; Chastenet (Gironde) ; Chaulin-Servinière (Mayenne) ; Chaumet (Gironde) ; Chaussier (Saône-et-Loire) ; Chautemps Alphonse (Indre-et-Loire) ; Chautemps Félix (Savoie) ; Chavet (Saône-et-Loire) ; Chenal Amédée (Seine) ; Chéron (Calvados) ; Chopinet (Oise) ; Clament (Dordogne) ; Clémentel (Puy-de-Dôme) ; Colin (Alger) ; Colliard (Rhône) ; Colly (Seine) ; Combrouze (Gironde) ; Compère-Morel (Gard) ; Constans Emile (Gironde) ; Coreil (Var) ; Cosnier (Indre) ; Couesnon (Aisne) ; Coutant Jules (Seine) ; Cruppi (Haute-Garonne) ; Cuny (Vosges) ; Cuttoli (Constantine).

Dalbiez (Puy-de-Dôme) ; Dalimier (Seine-et-Oise) ; Damour (Landes) ; Dansette (Nord) ; Dariac (Orne) ; David (Dordogne) ; David Fernand (Haute-Savoie) ; Debaune (Cher) ; Depontaine (Nord) ; Dejeante Jean (Seine) ; Delaroche-Vernet (Loire-Inférieure) ; Deléglise (Savoie) ; Delelis-Fanien (Pas-de-Calais) ; Deloncle Charles (Seine) ; Delory (Nord) ; Delpierre (Oise) ; Demellier (Deux-Sèvres) ; Depasse Hector (Seine) ; Derveloy (Seine-et-Marne) ; Deschanel (Eure-et-Loir) ; Desplas (Seine) ; Dessoye (Hte-Marne) ; Devins (Hte-Loire) ; Dr Doisy (Ardennes) ; Donadeï (Alpes-Maritimes) ; Doussaud (Corrèze) ; Drelon (Marne) ; Dreyt Gaston (Hautes-Pyrénées) ; Dron Gustave (Nord) ; Ducarouge (Saône-et-Loire) ; Dufour (Indre) ; Dufrêche (Gers) ; Dulau (Landes) ; Dumas (Cher) ; Dumont Charles (Jura) ; Dumesnil (Seine-et-Marne) ; Dunaime (Ardennes) ; Dupuy Paulin (Tarn-et-Garonne) ; Dupuy Pierre (Basses-Pyrénées) ; Dussevel (Somme) ; Dutreil (Mayenne).

Dr Even (Côtes-du-Nord).

Fabre (Puy-de-Dôme) ; Favre (Haute-Savoie) ; Failliot (Seine) ; Fayssat (Alpes-Maritimes) ; Fernand Brun (Cantal) ; Ferry Abel (Vosges) ; Fitte (Hautes-Pyrénées) ; de Folleville de Bimorel (Seine-Inférieure) ; Forgemol de Bosquénard (Seine-et-Marne) ; Fourment (Var) ; Fournier (Gard).

Gallois (Ardennes) ; Gallot (Yonne) ; Dr Ganault (Aisne) ; Garat (Basses-Pyrénées) ; Gérault-Richard (Guadeloupe) ; Ghesquière (Nord) ; Gilette-Arimondi (Alpes-Maritimes) ; Gioux (Maine-et-Loire) ; Girod (Doubs) ; Godard Justin (Rhône) ; Goniaux (Nord) ; Goude (Finistère) ; Goujon (Ain) ; Gourd (Rhône) ; de Grandmaison (Maine-et-Loire) ; Albert Grodet (Guyanne) ; Grosdidier (Meuse) ; Groussier (Seine) ; Guernier (Ille-et-Villaine) ; Guesde (Nord) ; Guichard (Vaucluse) ; Guiraud (Tarn) ; Guislain (Nord) ; Guist'hau (Loire-Inférieure).

Haudos (Marne) : Hauet (Aisne) ; Hémon (Finistère) ; Héritier (Ain) ; Hubert (Ardennes).

d'Iriart-d'Etchepare (Basses-Pyrénées).

Jacquier (Haute-Savoie) ; Jaurès (Tarn) ; Jean Javal (Yonne) ; Joly Antony (Basses-Alpes) ; Jouancoux (Somme) ; Judet (Creuse).

de Kerguézec (Côtes-du-Nord).

de La Batut (Dordogne) ; Lachaud (Corrèze) ; Lacombe Daniel (Vendée) ; Lacour (Vaucluse) ; Lafferre (Hérault) ; Lagrosillière (Martinique) ; Lamoureux (Allier) ; Landry (Corse) ; Laniel Henri (Calvados) ; Laroche (Sarthe) ; Larquier (Charente-Infre) ; La Trémoille, prince de Tarente (Gironde) ; Lauraine (Charente-Infre) ; Lavaud (Seine) ; Leboucq (Seine) : Lebrun (Meurthe-et-Moselle) ; Lecherpy

(Calvados) ; LECOINTE (Somme) ; LEFÈVRE Abel (Eure) ; LEFÈVRE (Bouches-du-Rhône) ; LEFOL (Côte-d'Or) ; Abbé LEMIRE (Nord) ; LENOIR (Marne) ; LE ROUZIC (Morbihan) ; LEROY Modeste (Eure) ; LHOPITEAU (Eure-et-Loir) ; LORIMY (Seine-et-Marne) ; LOTH (Pas-de-Calais) ; LOUP (Yonne) ; LOUSTALOT (Landes) ; DES LYONS DE FEUCHIN (Somme).

MAGNIAUDÉ (Aisne) ; MAGNIEZ (Somme) ; MAHIEU (Manche) ; MAISON (Puy-de-Dôme) ; MAITRE Henri (Saône-et-Loire) ; MALAVIALLE (Aude) ; MALVY (Lot) ; MANAUT (Pyrénées-Orientales) ; MANDO (Côtes-du-Nord) ; MARIETTON (Rhône) ; MARGAINE (Marne) ; MARQUET (Haute-Vienne) ; MARROU (Puy-de-Dôme) ; MASSÉ (Nièvre) ; MATHIS (Haute-Saône) ; MAUGER (Cher) ; MAUNOURY (Eure-et-Loir) ; MÉQUILLET (Meurthe-et-Moselle) ; MESLIER (Seine) ; MESSIMY (Seine) ; MÉTIN (Doubs) ; Paul MEUNIER (Aube) ; MILLE (Allier) ; MILLERAND (Seine) ; MILLIAUD (Yonne) ; MISTRAL (Isère) ; MOLLE (Hérault) ; MONS (Corrèze) ; MOREL Jean (Loire) ; MOREL Paul (Haute-Saône) ; MOREL Victor (Pas-de-Calais) ; MORIN (Cher) ; MOUCHEL (Seine-Inférieure) ; MUTEAU (Côte-d'Or) ; MYRENS (Pas-de-Calais).

NAIL Louis (Morbihan) ; NECTOUX (Seine) ; NICOLAS Léandre (Aube) ; NICOLLE (Charente-Inférieure) ; NOGUÈS (Hautes-Pyrénées) ; NOUHAUD (Haute-Vienne) ; NOULENS (Gers).

PAINLEVÉ (Seine) ; PASQUAL (Nord) ; PATUREAU-MIRAND (Indre) ; Paul BONCOUR (Loir-et-Cher) ; PATÉ (Seine) ; PÉCHADRE (Marne) ; Général PÉDOYA (Ariège) ; PÉLISSE Paul (Hérault) ; PELLETAN (Bouches-du-Rhône) ; PERCHOT (Basses-Alpes) ; PÉRET (Vienne) ; PÉRIER Germain (Saône-et-Loire) ;

Périer (Vendée) ; Perreau-Pradier (Yonne) ; Perrier (Isère) ; Picard Camille (Vosges) ; Pichery (Loir-et-Cher) ; Piérangeli (Corse) ; Python Joseph (Puy-de-Dôme) ; Plissonnier (Isère) ; Plouzané (Finistère) ; Ponsot (Jura) ; de la Porte (Deux-Sèvres) ; Georges Potié (Nord) ; Poulain Albert (Ardennes) ; Poullan (Alpes-Maritimes) ; Prévot Gabriel-Ellen (Haute-Garonne) ; Puech (Seine).

Rabier (Loiret) ; Raffin-Dugens (Isère) ; Regally (Haute-Saône) ; Rauline (Manche) ; Ravisa (Drôme) ; Raynaud (Charente) ; Razimbaud (Hérault) ; Reinach Joseph (Basses-Alpes) ; Reinach Théodore (Savoie) ; Renard (Nièvre) ; Renoult René (Haute-Saône) ; Réveillaud (Charente-Inférieure) ; Réville Marc (Doubs) ; Ribière (Yonne) ; Ringuier (Aisne) ; Rivière (Loir-et-Cher) ; Roblin (Nièvre) ; Roch (Loire-Inférieure) ; Rognon (Rhône) ; Roret (Haute-Marne) ; Rouanet (Seine) ; Rouger (Gard) ; Rougier (Deux-Sèvres) ; Roux-Costadau (Drôme) ; Roy Henry (Loiret) ; Rozier (Seine) ; Ruau (Haute-Garonne).

Sarraut (Aude) ; Sarrazin (Dordogne) ; Sauzède (Aude) ; Schmidt (Vosges) ; Schneider Charles (Haut-Rhin) ; Sembat (Seine) ; Seydoux (Nord) ; Siegfried (Seine-Inférieure) ; Simon (Tarn) ; Simonet (Creuse) ; Simyan (Saône-et-Loire) ; Sireyjol (Dordogne) ; Sixte-Quenin (Bouches-du-Rhône) ; Steeg (Seine) ; Robert Surcouf (Ille-et-Vilaine).

Tarbouriech (Jura) ; Tarrade (Haute-Vienne) ; Thalamas (Seine-et-Oise) ; Théveny (Aube) ; Thierry J. (Bouches-du-Rhône) ; Thierry-Cases (Gers) ; Thivrier (Allier) ; Thomas (Seine) ; Tournan (Gers) ;

Toy-Riont (Hautes-Alpes) ; Treignier (Loir-et-Cher) ; Trouin (Oran) ; Turmel (Côtes-du-Nord).

Vaillant (Seine) ; Vazeille (Loiret) ; Veber Adrien (Seine) ; Veillat (Vendée) ; Vigne Octave (Var) ; Villault-Duchesnois (Manche) ; Vincent (Nord) ; Violette (Eure-et-Loir) ; Viviani (Creuse) ; Voilin (Seine).

Walter (Seine) ; Willm (Seine).

GROUPE PARLEMENTAIRE FRANÇAIS

DE L'ARBITRAGE INTERNATIONAL

✣ ✣ ✣ ✣

Extrait du programme adopté dans la séance du 26 Mars 1903

. . . .

On affecte de croire que, nous, partisans de l'arbitrage, nous prétendons soumettre à cette juridiction toutes les questions et que, sous la menace même de l'invasion, au lieu d'appeler aux armes toutes les forces de la nation, nous irions, suppliants, demander des juges que notre agresseur refuserait !...

Il est temps de mettre les choses au point. Même isolées, les aspirations des partisans de l'arbitrage répondent si bien aux vœux de l'humanité qu'elles trouvent déjà de l'écho : mais elles seront irrésistibles aussitôt qu'elles seront groupées. Ce groupement s'accomplit dans tous les pays qui progressent. En France, il est déjà tardif. C'est pourquoi je vous ai proposé, Messieurs, de nous réunir ici, tous animés d'un même esprit, d'une bonne volonté vraiment patriotique et supérieure, oubliant ce qui nous divise pour ne songer qu'à ce qui nous unit, et de former un groupe composé de tous les députés favorables au développement de l'arbitrage.

Nous sommes ici pour dissiper toute équivoque, volontaire ou involontaire ; pour affirmer et pour démontrer que, loin d'être des rêveurs, des philosophes ou des « sans patrie », nous avons pleine conscience de notre devoir et de notre responsabilité, en poursuivant pour la France une politique aussi claire, aussi prudente, positive et pleine de promesses, que la politique actuelle de l'Europe est obscure, grosse d'équivoques et de dangers.

Nous sommes ici pour affirmer que nous n'oublions rien du passé, mais que nous pensons également à l'avenir. Nous ne voulons pas d'une paix humiliée et précaire. Nous ne voulons pas faire de la France, prématurément désarmée, une victime et une proie ; nous la voulons, au contraire, plus forte, moins exposée, et plus prospère qu'à l'heure actuelle.

Pour aboutir à un résultat positif, nous aurons soin de limiter rigoureusement notre tâche. La paix universelle et le désarmement simultané resteront à jamais des rêves si la science, la méthode la plus rigoureuse et la plus patiente ne s'appliquent pas à chercher, à trouver et à définir les moyens d'en hâter la réalisation. Déjà, on peut affirmer que le désarmement ne sera que le dernier terme de l'évolution pacifique. Entre ce dernier terme et nos aspirations présentes combien d'étapes successives restent à franchir, sans qu'on puisse en doubler aucune ? Nul ne pourra songer au désarmement avant d'avoir essayé, au préalable, l'effet d'une réduction progressive des armements : et cette réduction elle-même sera nécessairement précédée par la limitation, la non augmentation des armements. Mais cette limitation suppose déjà de grands changements dans les relations des Puissances et ces changements devront être consacrés par des traités. Ces traités, impliquant des échanges de concessions réciproques, motivées par le respect de la justice et par la conscience d'une solidarité nouvelle entre les divers Etats contractants, ne pourront être menés à bonne fin, ni même négociés, sans une pénétrante préparation de l'opinion. C'est cette période de préparation que nous avons à abréger le plus possible et c'est à quoi doit se limiter, quant à présent notre effort pour être efficace.

Ainsi compris, notre programme devient très simple, très net : nous n'avons qu'un but, généraliser la pratique de l'arbitrage international, amener les Gouvernements à résoudre raisonnablement et honorablement, non pas tous les conflits, mais le plus grand nombre possible de leurs conflits par les voies de droit ; étendre aux relations de peuple à peuple les progrès lentement mais définitivement obtenus déjà dans les relations d'homme à homme, de commune à commune, de province à province dans un même pays. Les moyens d'action ne nous manqueront pas pour arriver à ce résultat.

Nous commencerons par dresser la liste de tous les pays, et ils sont nombreux, avec lesquels nous pourrions signer sans inconvénient des conventious générales d'arbitrage, et nous soumettrons cette liste au Gouvernement, car *l'article 19 de la Convention de La Haye impose, à cet égard, une véritable obligation morale aux 26 Gouvernements signataires.*

Par l'entremise de nos amis de l'Union interparlementaire nous entretiendrons des rapports suivis avec les groupes analogues au nôtre à l'étranger.

Les Sociétés françaises d'arbitrage qui poursuivent avec tant d'abnégation leur œuvre souvent ingrate, en dehors du Parlement, pourront désormais s'appuyer sur nous, tout en nous prêtant leur concours, et régler leur propagande éducatrice d'après nos progrès. Leur action et la nôtre sur l'opinion d'une part, sur les pouvoirs publics d'autre part, seront d'autant plus puissantes qu'elles seront mieux concertées et qu'il n'y aura plus ainsi aucune bonne volonté perdue dans cette voie.

Le Gouvernement, hésitant jusqu'à ce jour à exécuter ses engagements de La Haye, devra tenir compte de notre insistance, pour changer enfin d'attitude. *Nous verrons cesser ce scandale d'une Cour internationale d'arbitrage ostensiblement et solennellement ouverte par la volonté de tous, mais, en réalité, fermée par un retour tacite de ces mêmes volontés.*

Nous étudierons, le cas échéant et selon les circonstances, dans quelle mesure les prescriptions novatrices de l'article 27 pourront être observées et comment la grande idée française d'un *devoir international* pourra trouver peu à peu sa sanction dans le monde entier.

Ainsi la France, loin d'être humiliée, compromise ou affaiblie par son attachement au principe de l'arbitrage, y puisera au contraire une force, une source de prestige et d'autorité nouvelles : elle ne laissera plus à la République des Etats-Unis le privilège de donner seule son exemple à l'Univers ; les autres nations Européennes ne tarderont pas à la prendre une fois de plus pour guide.

Nous pourrons nous honorer, Messieurs, d'avoir su comprendre l'élévation, le bienfait et la portée d'une telle mission. Nos fils, plus tard, nous sauront gré de ne pas l'avoir déclinée, car nous allègerons les difficultés qui s'accumulent pour eux à l'horizon.

♣ ♣

Sommaire des Bulletins

publiés par

la Conciliation Internationale

pendant l'année 1909.

CONCILIATION INTERNATIONALE

Sommaire des Bulletins

publiés pendant l'année 1909 [1]

N° 1 -- JANVIER

L'Accord des deux Amériques, par M. Joachim NABUCO, Ambassadeur du Brésil à Washington. (Traduit de l'anglais par M. J. RAIS).

—

Introduction de M. d'Estournelles de Constant.

Discours prononcé le 28 Août 1908, par M. Joachim Nabuco, devant l'Université de Chicago.

(32 pages).

---

(1) Collection en vente au dépôt de l'Imprimerie, chez M. CHARIER-BEULAY, à LA FLÈCHE (Sarthe), contre mandat de 15 fr. 50 par collection, ou, par exemplaire séparé, aux conditions suivantes :

Les numéros 1, 2, 4, 5, 6, 7, 8, 9 et 10 au prix de 1 franc l'exemplaire, franco.

Les numéros illustrés 3, 11 et 12 au prix de 3 fr. 50 l'exemplaire, franco

S'adresser directement à La Flèche.

N° 2 -- FÉVRIER

L'Allemagne et l'Arbitrage, par M. le Pr R. Eickhoff, Membre du Reichstag d'Allemagne.

—

Avant-propos : L'Arbitrage et les chances d'une guerre entre la France, l'Angleterre et l'Allemagne, par M. d'Estournelles de Constant.

Progrès quand même : L'arbitrage franco-allemand (avec 2 cercles, séances des 5 et 7 octobre 1907 à la deuxième Conférence de La Haye) ; Extrait du *Matin* du 23 novembre 1908).

Les progrès de l'arbitrage, par M. Richard Eickhoff.

Texte des accords franco-allemands relatifs : 1° aux déserteurs de Casablanca ; 2° à la situation générale du Maroc.

(38 pages).

*

N° 3 -- MARS

Pour l'Aviation, par MM. d'Estournelles de Constant, P. Painlevé, le C[t] Bouttieaux et divers Collaborateurs.

—

Préface de M. d'Estournelles de Constant.

L'action parlementaire et les manifestations en faveur de l'Aviation au Sénat : La journée de l'Aviation ; L'interpellation ; Réponse du Ministre des travaux publics ; Vote unanime du Sénat ; L'Avion d'Ader ; L'action parlementaire et la constitution des Groupes de l'Aviation au Sénat et à la Chambre ; Leurs programmes ; Un crédit de cent mille francs ; La promotion des Aviateurs ; Les conférences au Sénat ; Lettres de MM. de Freycinet et Léon Bourgeois ; Conférences de M. le Commandant Bouttieaux, de M. P. Painlevé et allocution de M. le Président du Sénat.

Diverses applications de l'Aviation : La science ; la guerre et la paix ; le tourisme.

Le premier Salon de l'Aéronautique.

Conclusion : *L'Organisation*, par M. P. Painlevé.

Appendice : La manifestation du 17 février à la Chambre des Députés : Allocutions de MM. H. Depasse et Brisson. — Liste des Membres du Groupe de la locomotion aérienne et du Groupe de l'Aviation à la Chambre et au Sénat. — Bibliographie.

Cet ouvrage est illustré de 40 gravures hors-texte, se divisant en trois catégories : 1° Ballons sphériques ; 2° Ballons dirigeables ; 3° Plus lourds que l'air.

(320 pages).

⁂

N° 4 — AVRIL

La Conciliation et le Système Métrique ; Dîner Foerster du 23 Mars 1909.

—

Le dîner annuel de la Conciliation.

Résumé d'une Conférence faite par M. Ch. E. Guillaume, Directeur-adjoint du Bureau International des Poids et Mesures, à l'Hôtel des Sociétés Savantes.

Dîner à l'hôtel du Palais d'Orsay sous la présidence de M. d'Estournelles de Constant : Discours de M. d'Estournelles de Constant ; Discours de M. Darboux ; Discours de M. F. Buisson ; Discours de M. le Pr W. Foerster.

(32 pages).

⁂

N° 5 - MAI

L'Assemblée Générale du 24 Mars 1909 : Compte-rendu sténographique de la réunion.

—

Allocution de M. d'Estournelles de Constant.

Quelle est la meilleure forme de Bulletin ? — La Conciliation en Allemagne. — Les actes de la Conciliation. — L'Aviation. — La politique étrangère. — Les Intérêts Nationaux. — Nouveaux Membres d'honneur. — Le Comité exécutif élargi. — La situation financière. — M. Frédéric Passy à Berlin. — Nécrologie. — Etablissement des comptes. — Conférence navale de Londres. — L'échange international des enfants.

(78 pages).

⁂

N° 6 -- JUIN

Le rapprochement Franco-Allemand condition de la paix du Monde : Conférence faite par M. D'ESTOURNELLES DE CONSTANT à la Chambre des Seigneurs, à Berlin, le 28 Avril 1909.

—

Introduction. — Conférence. — Vote d'une résolution.

Le banquet du Kaiserhof : Discours de M. le Dr Paasche, vice-président du Reichstag ; Réponse de M. d'Estournelles de Constant.

Réponses à certaines objections, par M. d'Estournelles de Constant. (Extrait de la *Revue*).

Sentence arbitrale dans l'affaire de Casablanca. (Texte officiel).

Ce bulletin est orné d'une illustration représentant une composition symbolique qui figurait sur le menu du banquet du Kaiserhof.

(72 pages).

⁂

N° 7 -- JUILLET

La fausse route : Discours prononcé en faveur de la limitation des armements à la séance annuelle de la Société de la Paix de New-York, par M. Andrew Carnegie. (Traduit de l'anglais par M. Jules Rais).

—

Introduction. — Discours de M. Andrew Carnegie à New-York, le 21 Avril 1909.

Discours du Président N. Murray Butler à la Conférence de Lake-Mohonk, le 19 Mai 1909.

Discours de M. d'Estournelles de Constant au banquet de la Chambre de Commerce anglaise à Paris, le 29 mai 1909.

L'antagonisme Anglo-Allemand, par M. d'Estournelles de Constant. (Extrait de la *Revue* du 1er Juin).

Discours de Lord Esher, à Callander, sur la nécessité de la suprématie navale anglaise.

Une nouvelle proposition de limitation des armements au Reischtag.

(54 pages).

N° 8 -- AOUT

La Diplomatie du Droit ;

Extraits du discours prononcé par M. Léon Bourgeois, ancien Président du Conseil, au 6e Congrès de la Paix par le Droit, tenu à Reims, le 1er juin 1909.

Réception de M. A. Carnegie à la Sorbonne (26 Mai 1909) ;

Allocution de M. Liard, président du Conseil de l'Université. — Réponse de M. Carnegie.

La Fondation Carnegie (Lettres et décrets constitutifs de cette Fondation).

(50 pages).

*

N° 9 -- SEPTEMBRE

L'augmentation des Armements.

—

Introduction par M. d'Estournelles de Constant.

Le chemin de la paix sur les mers (Lettre de M. Carnegie au *Times*, 19 juin 1909).

Le lendemain de la manifestation de Berlin : L'antagonisme Anglo-Allemand ; Lettre de Kiel à M. le Directeur du *Temps*, par M. d'Estournelles de Constant.

Ce bulletin est orné d'une illustration représentant l'Empereur d'Allemagne écoutant de la musique française à bord d'un yacht français.

(40 pages).

N° 10 -- OCTOBRE

Les Parlementaires Russes et Ottomans en France.

Introduction par M. d'Estournelles de Constant.

Les Parlementaires Russes en France : Le banquet ; La journée de l'Aviation ; La bonne semence.

La Délégation du Parlement Ottoman en France : Le banquet de l'Association des Amis de l'Orient ; Le déjeuner du Groupe de l'Arbitrage ; Le déjeuner de la Ligue Franco-Ottomane.

Correspondance. — La Douma : Le Groupe de l'Arbitrage de la Douma ; Correspondance du Groupe Parlementaire français de l'Arbitrage avec la Douma.

Le Parlement Ottoman : Lettre de M. Joseph Reinach sur le Parlement Ottoman ; Correspondance du Groupe Parlementaire français de l'Arbitrage avec le Parlement Ottoman ; Les lettres de Mohammed Arslan.

Un appel à nos Collègues des Parlements Russe et Ottoman.

Programme et liste des Membres du Groupe de l'Arbitrage (avec carte géographique de la France et des circonscriptions représentées au Groupe pendant la législature 1906-1910). — Programme de la Conciliation Internationale.

Ce bulletin est illustré d'une gravure représentant Blériot volant en l'honneur des Parlementaires Russes et du Groupe Sénatorial de l'Aviation à Douai (9 juillet 1909).

(140 pages).

N° 11 -- NOVEMBRE

L'Aviation triomphante.

—

Avertissement, par M. d'Estournelles de Constant.

Le témoignage de l'Institut de France, par MM. Ch. Bouchard, P. Painlevé, E. Lavisse.

La traversée de la Manche en aéroplane, par MM. Blériot et P. Painlevé.

La Grande Semaine de Reims, par Paul Rousseau.

Les Deuils. — Nouveaux triomphes : Vues d'avenir.

Les progrès de l'Allemagne.

La manifestation du 10 Novembre au Sénat.

Conclusion : Le triomphe humain, par Pierre Mille.

Annexes : Liste des Membres du Groupe de l'Aviation au Sénat. — Liste des Membres du Groupe de la Locomotion aérienne à la Chambre des Députés.

Programme du Groupe Sénatorial de l'Aviation.

Programme du Comité de Défense des Intérêts Nationaux.

Programme de la Conciliation Internationale.

Extrait du programme du Groupe Parlementaire français de l'Arbitrage International.

Ce volume est illustré de 36 gravures hors texte.

(120 pages).

N° 12 -- DÉCEMBRE

Les Parlementaires Français en Scandinavie.

--

Introduction, par M. d'Estournelles de Constant.

Institutions politiques des trois pays Scandinaves, par M. Etienne Flandin.

Les préparatifs et le départ. — Texte officiel des invitations. — Programme et réglement du voyage. — Liste des Membres de la Délégation française.

En Danemark : Réception à Gedser ; Arrivée à Copenhague ; Visite à l'Exposition française des Arts décoratifs ; Visite du château de Kronborg ; Dîner de la Municipalité ; Visite du château de Frederiksborg ; Réception par le Prince Royal au château d'Amalienborg ; Dîner du Parlement ; Représentation de Gala au théâtre Royal ; Départ de Copenhague pour la Suède.

En Suède : Arrivée à Malmo ; Visite à Svalof ; Arrivée à Stockholm ; Déjeuner de bienvenue au palais du Riksdag ; Excursion en ville ; Excursion sur le lac Maelaren ; Dîner offert à Hasselbacken par le Groupe Suédois de l'Union Interparlementaire ; Garden party au Palais Royal ; Départ pour Gripsholm ; Visite au château de Gripsholm ; Visite au château d'Ericsberg ; Départ pour Kristiania.

En Norvège : Arrivée à Moss, à Kristiania ; Dîner au pavillon de Dronningen ; Excursion à Sundvollen ; Banquet offert par le Storting Norvégien ; Visite du musée des Beaux-Arts ; Visite au pavillon de Frognersæteren ; Visite à l'Institut Nobel ; Hommage à M. Frédéric Passy ; Soirée musicale et souper au Palais Royal ;

Départ pour Bergen ; Arrivée à Bergen ; Déjeuner offert par la Municipalité ; Visite au pavillon de Floïen ; Retour à Kristiania ; Départ pour Copenhague.

Arrivée à Copenhague ; Départ pour la France.

Conclusion, par M. d'Estournelles de Constant.

Annexes : Texte des Conventions d'Arbitrage conclues entre le Danemark et la Hollande, entre la France et le Danemark ; Mémoire sur les Conseils de Tutelle en Suède. — Programme du Groupe de l'Arbitrage ; Programme de la Conciliation Internationale.

Ce volume contient également 44 gravures hors texte.

(444 pages).

“ Pro Patria per orbis Concordiam ”

PROGRAMME

de la

Conciliation Internationale

* * *

Le véritable patriotisme consiste à bien servir son pays. Il ne suffit pas d'être toujours prêt à le défendre; il faut aussi lui éviter les difficultés, les charges inutiles, et développer dans la paix ses forces, ses ressources, sa clientèle. Stimuler son activité intérieure à la faveur de ses bonnes relations extérieures, tel a été notre double programme, poursuivi sans esprit de parti depuis dix ans, par une éducation méthodique de l'opinion.

Dans cette entreprise qui sembla d'abord chimérique, nous avons été soutenus par des sympathies décisives dans toutes les classes, dans tous les pays, par les représentants éminents de la politique et de la science, par les Parlements, les Pouvoirs Publics, les Universités, les Conseils Généraux et Municipaux, les Chambres de

Commerce, les Associations de Travail, de Paix, de Progrès, en Europe et en Amérique, où il n'est pour ainsi dire pas un chef d'Etat qui ne se soit montré favorable à notre action.

Déjà des résultats sont acquis ; les préjugés contre l'étranger disparaissent ; les peuples découvrent qu'en face des transformations du progrès et des assauts de la concurrence universelle, ils ont tout à perdre en des antagonismes qui les épuisent, tout à gagner en s'associant, comme les individus, par des concessions mutuelles, dans une coopération qui fortifie leur indépendance et leur personnalité. Les bénéfices d'une évolution si nouvelle se chiffrent par millions, et par de nombreuses facilités dans la pratique des échanges. Commerçant, Agriculteur, Industriel, Artiste, Savant, Ouvrier, Patron, quiconque travaille en profite ; chacun demande que ce changement devienne définitif. Telle est la seconde partie du problème qui reste à résoudre.

Le plus difficile est déjà fait. Ce n'est pas un entraînement sentimental qui a déterminé l'amélioration actuelle, c'est l'intérêt bien compris de chacun. Cette amélioration, il est vrai, n'a pas empêché de lamentables conflits ; elle a seulement permis de les limiter. Le rapprochement Franco-Anglais a, peut-être, épargné au monde une guerre générale ; et compterons-nous pour rien ces premiers traités d'arbitrage, instamment réclamés par nous et obtenus ? Mais nous ne pouvons nous en tenir là ; il faut prévoir les incidents, les retours en arrière et c'est pourquoi nous avons préparé notre organisation internationale. La voici dans ses grandes lignes :

1° Nous continuerons à poursuivre l'Education de l'opinion, comptant plus que jamais sur la collaboration des maîtres de l'Enseignement supérieur, secondaire, primaire et de tant d'institutions volontaires admirables, dont les représentants figurent parmi nos premiers adhérents. Nous échangerons entre les différents pays nos conférenciers pour propager les progrès, les découvertes, les innovations dont chacun et tous bénéficient.

2° Grâce à nos relations, nous serons en mesure de rectifier, le cas échéant, les informations inexactes ou tendancieuses propagées pour égarer l'opinion. Nos membres, renseignés et reliés entre eux, contribueront au maintien de la paix par leur influence sur l'opinion, sur la Presse, sur les Parlements et sur les Gouvernements eux-mêmes.

3° Nous multiplierons les relations entre Etrangers ; nous établirons le contact entre quantité d'individualités qui se cherchent mais qui s'ignorent et perdent dans l'isolement la plus grande partie de leur confiance et de leur force.

4° Nous continuerons à susciter des voyages, des visites internationales. Nous faciliterons les expéditions scientifiques.

5° Nous encouragerons la pratique des langues étrangères.

6° Nous continuerons à favoriser, en y ajoutant des garanties nouvelles, l'échange des enfants, des élèves, des professeurs, des ouvriers, des artistes, etc..., le placement des jeunes gens recommandables à l'étranger.

7° Un Bulletin périodique, en attendant une Revue Internationale dont la rédaction et la direction sont déjà prêtes, sera le complément naturel de ces différentes innovations et tiendra les adhérents au courant de l'activité générale du Comité.

8° Enfin, le moment venu, nous créerons, à Paris, pour commencer, ce qui manque à toutes les capitales, un foyer dont on peut prévoir les imposants développements et qui sera la Maison des Etrangers ; centre de réunions, de conférences, de congrès, d'auditions, d'expositions ; rendez-vous des initiatives du monde entier.

Ainsi notre Comité constituera, grâce à la seule initiative privée, le premier embryon de l'organisation nouvelle qui fait défaut au monde moderne, et sans laquelle le plus puissant, comme le plus faible des Etats ou des individus, n'est assuré d'aucun lendemain.

Si vous approuvez les vues qui précèdent et si vous jugez que les résultats déjà obtenus nous autorisent à en préparer de nouveaux, nous venons vous prier de vous joindre à nous.

D'ESTOURNELLES DE CONSTANT.

Paris, 29 Mars 1905.

PROJET
DE

CONVENTION UNIVERSELLE D'ARBITRAGE OBLIGATOIRE

ÉLABORÉ PAR LA DEUXIÈME CONFÉRENCE de LA HAYE

Repoussé par 5 Puissances sur 44, adopté par 35 et 4 Abstentions

(Séance du 5 Octobre 1907)

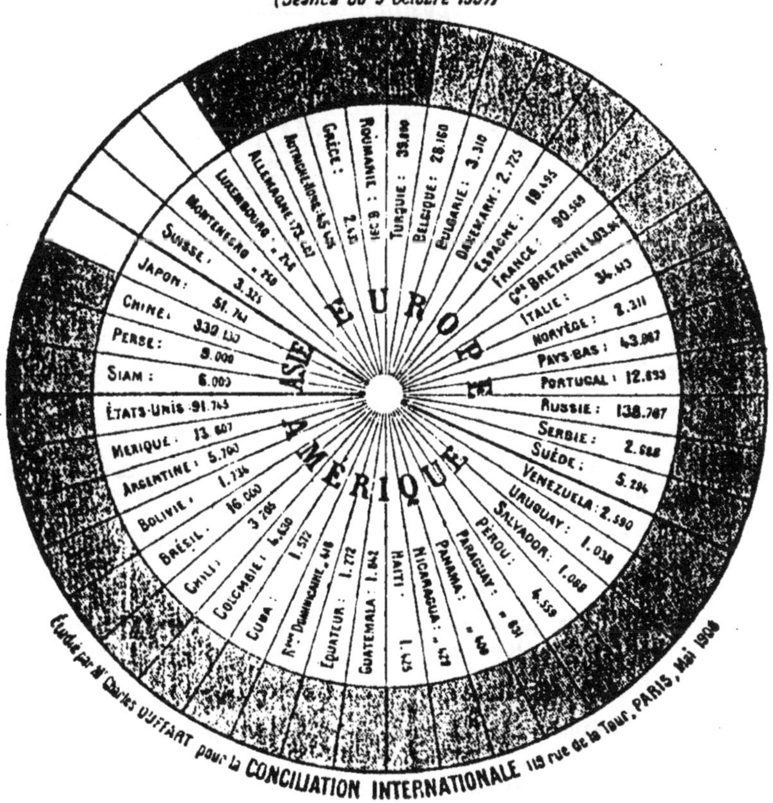

LÉGENDE

Les CHIFFRES inscrits dans ce cercle sont extraits des Almanachs de Gotha ; ils EXPRIMENT **LA POPULATION MÉTROPOLITAINE ET COLONIALE DE CHAQUE ÉTAT**

Les chiffres gras représentent des MILLIONS

POUR .... [ ] .. **35 PUISSANCES** .... **1.285**.272.000 habts

ABSTENTIONS [ ] .... **4 PUISSANCES** .... **55**.562.000 »

CONTRE ..... [■] .... **5 PUISSANCES** .... **167**.436.000 »

Document de la Conciliation Internationale

UN RÉSULTAT DE LA CONFÉRENCE DE LA HAYE

Carte présentée par le Ministère des Affaires étrangères de Fran
à l'Exposition de Londres (*Mai-Octobre 1908*)

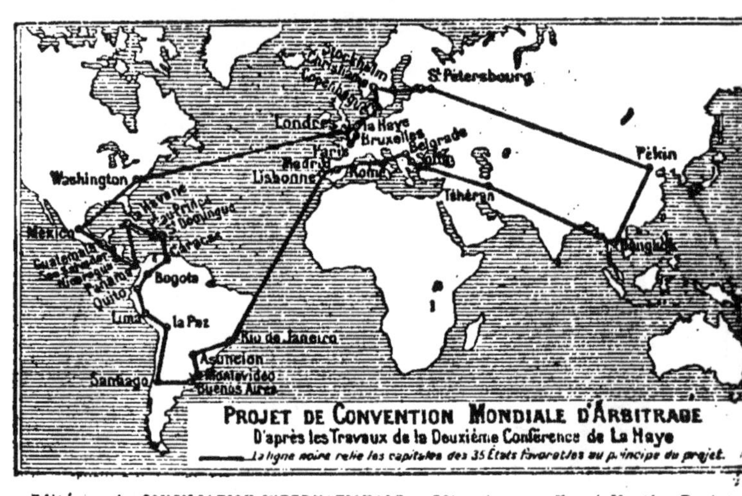

Edité par la CONCILIATION INTERNATIONALE, 78bis Avenue Henri-Martin, Paris.

A la première Conférence de La Haye, en 1899, le principe de l'Arbitrage Obligatoire avait été posé mais écarté, faute d'une majorité pour le soutenir.

A la deuxième Conférence, en 1907, le même principe, posé de nouveau, est accepté cette fois par 35 Puissances sur 44 Puissances représentées.

Cette majorité, composée de toutes les Républiques Américaines et des États dont les capitales sont reliées entre elles sur cette carte représente un milliard 285 millions d'habitants et constitue pour la première fois le bloc de la justice internationale et de la paix dans le Monde. La minorité composée de 5 opposants : l'Allemagne, l'Autriche-Hongrie, la Roumanie, la Grèce et la Turquie ; plus 4 abstentions le Japon, la Suisse, le Monténégro et le Luxembourg, représent 222 millions d'habitants, soit un sixième de la majorité. — Encore le oppositions ou les abstentions ont-elles été motivées par des considéra tions d'opportunité et non *d'hostilité systématique*.

Il est donc vraisemblable que la troisième Conférence verra tous le États s'unir sans exception par un traité mondial d'arbitrage, comme ils l sont déjà par la convention postale universelle.

LES EXPLORATIONS GÉOGRAPHIQUES ET L'AVIATION

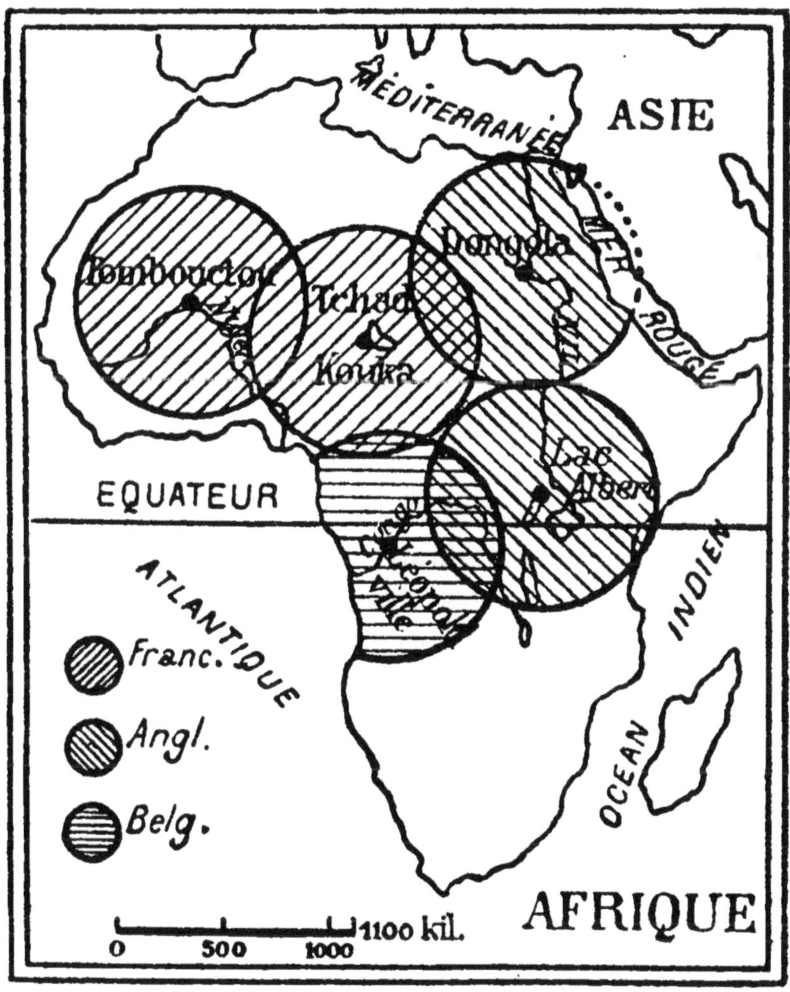

Cinq stations de dirigeables et d'aéroplanes, dans l'Afrique Centrale, assureraient, à peu de frais, l'exploration, la police, la poste, et, par suite la mise en valeur d'un continent inconnu ; de même en Amérique, en Asie, en Australie, dans les régions polaires, sans parler de bien des régions européennes.

Une organisation internationale pour l'exploration aérienne des terres et des mers dont la carte reste à dresser ferait gagner des années à notre civilisation.

Edité par la Conciliation Internationale 1910. (Extrait de « La Route de l'Air », de A. Berget)

TABLE DES MATIÈRES

LA FLÈCHE. — IMPRIMERIE CHARIER-BEULAY.

I.

MÉMOIRE

SUR LES DOULEURS DE L'ENFANTEMENT.

MÉMOIRE

SUR LES DOULEURS

DE L'ENFANTEMENT,

Sur la cause qui détermine cette précieuse fonction, suivi d'observations sur l'orifice de la Matrice, et de quelques aperçus sur le Flux menstruel, sa nature et sa cause.

Par un Amateur de l'Art.

A PARIS,

Chez OUVRIER, Libraire, rue André-des-Arts, maison Château-Vieux, n°. 41.

1797.

AVANT-PROPOS.

L'ART des Accouchemens a sans doute fait de grands progrès dans le dernier siècle, et sur-tout dans celui-ci. Le privilége qu'il a de sauver, par un seul coup de main, plusieurs individus à-la-fois, comme le dit M. Levret, a excité une émulation générale : les Médecins, les Physiciens, les Chirurgiens instruits s'en sont occupés ; tous y ont contribué, plus ou moins, par leurs lumières et leurs connoissances.

C'est dans la partie la plus utile, la pratique, qu'ils se sont particulièrement distingués ; elle est aujourd'hui portée à un point de perfection qui ne laisse rien à désirer, et nous devons au génie de plusieurs d'entre eux l'abolition de l'usage meurtrier des ciseaux, des bistouris, des perce-crâne et des crochets.

Il n'en est pas de même de la théorie de cet art sublime ; nos connoissances sont encore bien bornées sur cette fonction si intéressante, nous ignorons, en effet, la cause de l'action qui la commence, et pourquoi cette action augmente et devient enfin assez puissante pour la terminer.

Nous devons à des Anatomistes célèbres une connoissance plus étendue de la structure de la matrice ; ils nous ont appris d'où lui venoit la force prodigieuse dont elle est pourvue, que nous apercevons et admirons tous les jours : grâces leur soient rendues. Hélas ! nous n'en savons guères plus.

Les anciens, quoique moins instruits, savoient aussi que ce viscère jouissoit d'une certaine force et qu'il se contractoit. Jacques Grevin nous a dit, il y a bien long-temps :

« La femme a un amari dédié à » recevoir la semence et à retenir

„ l'enfant : il est situé entre la vessie et „ le droit boyau, et a, comme la vessie, „ un fond et un col, lesquels se peu- „ vent eslargir et retressir comme „ estants faits de membranes lâches, „ tissues de quelques fibres charnues, „ au moyen desquelles l'amari se de- „ mène en partie volontairement „.

Vanhelmont s'exprime à cet égard d'une manière plus précise dans son *Fluxus ad generationem. Uterus tandem maturitatem fœtus sentiens, sese corrugando contrahit, quod eniti prolem veteres dixerunt.*

Remarquez que c'est d'après les Anciens que Vanhelmont dit, « que „ la matrice se contracte en se fron- „ çant, pour procurer la naissance de „ l'enfant „.

Arrivé, par mon âge et mes infirmités, à l'impuissance de continuer l'exercice de mon état, j'ai fait quelques réflexions sur ce qui est exprimé dans cet avant-propos relativement à la théorie ; elles m'ont été suggérées par les ouvrages de quelques grands maîtres ; je les adresse aux gens de l'art dans ce Mémoire, qui renferme quatre articles.

Je propose dans le premier, la cause de l'intervalle qui existe entre les douleurs de l'enfantement et les effets qui en sont la suite. Dans le second, une opinion nouvelle sur la cause qui le termine. Quelques observations sur l'orifice de la matrice seront le sujet du troisième. Quelques aperçus sur le flux menstruel, sur sa nature et sur sa cause, formeront le quatrième.

Ignosce, legens, et inopiæ et confidentiæ.

PROPOSITION

De la cause de l'intervalle qui existe entre les douleurs de l'Enfantement et des effets qui en sont la suite.

Tous les auteurs qui ont écrit sur l'art des Accouchemens, n'ont fait qu'annoncer les douleurs (1) inséparables de cette fonction, en exprimant les différences qu'elles présentent suivant les différens temps du travail. La femme qui a accouché une fois en auroit pu dire autant.

J'ai beau les parcourir, je trouve dans tous, qu'elles sont très-légères dans le principe, qu'elles se rapprochent et augmentent dans le milieu, et que sur la fin du travail elles sont très-violentes; tout cela est vrai : mais ils ne nous apprennent pas pourquoi elles sont si légères dans le commencement, et si violentes sur la fin.

J'examine le mécanisme théorique de l'Accouchement de M. Levret, je vois cet auteur suivre la même marche : il partage le travail en trois temps, les douleurs sont

(1) J'avertis qu'à l'imitation de beaucoup d'autres, je me servirai indifféremment des mots *douleur*, *action* et *contraction*, pour exprimer la même chose.

plus ou moins vives suivant ces différens temps; mais il nous dit quelque chose de plus, § ... « Si les corps contenus dans la matrice, » n'opposoient aucune résistance à cet organe » lors de ses contractions, la femme accou- » cheroit sans douleurs ».

J'applaudis sincèrement à la sagacité que cet auteur célèbre a déployée dans ce mécanisme; mais je lui reproche de n'avoir pas pas fait à la résistance de ces corps toute l'attention qu'elle méritoit, il eût certainement aperçu qu'elle jouoit un assez grand rôle pendant le travail, excepté cependant dans les accouchemens précipités : nous en donnerons la raison dans la suite.

Je ne suis pas plus heureux, en lisant l'article Accouchement dans le *Dictionnaire encyclopédique par ordre de matières*; je n'y trouve, sur les douleurs, qu'une tirade copiée mot à mot du mémoire dont je m'occuperai bientôt.

Cependant les douleurs de l'enfantement forment la partie la plus essentielle du mécanisme de cette grande opération; elles présentent un problème difficile, mais non impossible à résoudre : nous ignorons, en effet, et il seroit au moins intéressant de savoir pourquoi elles sont séparées les unes des autres; pourquoi elles se rapprochent et deviennent plus vives; pourquoi, enfin, elles sont si accélerées et si violentes lorsque l'accouchement est près de sa fin.

M. de Buffon s'est occupé un instant de ce problème. On seroit bien étonné aujourd'hui d'entendre un physicien de cet ordre nous proposer d'admettre que les douleurs sont produites par la séparation partielle et graduelle des mammelons du placenta d'avec la matrice, avec la prétention d'en extraire la cause de l'alternative de souffrance et de repos que les femmes éprouvent pendant leur travail.

Il étoit réservé à M. Antoine Petit de nous éclairer un peu plus. Cet homme célèbre, savant médecin, physicien éclairé, professeur distingué dans l'art des Accouchemens, en ayant exercé la pratique pendant le cours d'une assez longue vie, a publié, en 1766, un très-bon mémoire sur le mécanisme de l'Accouchement. Je n'ai pas la même opinion sur la cause qu'il en assigne. Ce mémoire, dont le but principal étoit alors d'étayer son opinion sur la possibilité et la validité des naissances tardives, contient le principe par le moyen duquel j'ose entreprendre de résoudre le problème dont j'ai parlé, nous aurons toujours à regretter qu'il ne s'en soit pas occupé.

Après avoir réfuté, par les argumens les plus concluans, toutes les hypothèses qui ont précédé son opinion sur la cause de l'Accouchement; après avoir démontré, de la manière la plus évidente, que la matrice est la puissance principale qui le termine, M. Petit s'exprime de la manière qui suit, p. 73.

« Lorsqu'au commencement du travail la » matrice essaye ses forces, et prélude, pour » ainsi dire, par des efforts légers et de courte » durée, on voit bien que sa cavité se trou-

» vant exactement pleine, ce qu'elle contient » doit résister également de tous les côtés, » excepté vers le vagin ; or cette résistance » arrête, en quelque sorte, le coup et le sus- » pend, ce qui fait que l'effort est de courte » durée, la douleur que l'effort produit est » petite et passe vîte ».

Voilà le principe, la conséquence, j'ose le dire, saute aux yeux. Il est évident, en effet, que si la résistance des corps contenus dans la matrice arrête et suspend le coup, ou, si on l'aime mieux, le premier effort, elle est réellement la cause de l'intervalle plus ou moins long qui se marquera entre ce premier effort et le second, de même que de tous ceux qui leur succéderont ; et il en résulte encore que tant que la résistance sera entière, et pourra agir également de tous les côtés, les efforts seront de courte durée, et la douleur continuera d'être petite, de passer vîte, et ne produira aucun effet sensible.

Mais il ne suffit pas d'avoir dévoilé la cause de l'intervalle qui existe entre chaque douleur, cette découverte auroit bien peu de valeur, si nous nous arrêtions-là. Il nous importe de trouver les moyens de remplir nos engagemens, de completter enfin la solution du problème. Occupons-nous d'en faire la recherche, M. Petit va nous aider à les apercevoir dans ce qu'il nous dit, p. 75-76.

“ La cause que nous assignons aux dou- ” leurs de l'enfantement étant suffisamment ” éclaircie, il est aisé de voir que dans le com-

„ mencement du travail, les efforts n'étant „ ni violens, ni long-temps soutenus, la di- „ latation de l'orifice doit être bien petite, „ bien peu sensible, et par conséquent les „ douleurs seront courtes et légères. Mais „ quelque petite et légère que soit la dilata- „ tion dont on vient de parler, on sent bien „ qu'elle ne pourra se faire, ainsi que la con- „ traction qui y a donné lieu, sans une sorte „ de froncement dans les fibres les plus voi- „ sines du passage qui s'ouvre; on ne peut „ concevoir ce froncement, sans concevoir „ aussi que, par son effet, la surface interne „ de la circonférence de l'ouverture se déta- „ chera, se décollera de la partie correspon- „ dante du chorion à laquelle elle étoit adhé- „ rente ».

Notre auteur confirme, dans le commencement de ce paragraphe, la puissance de la résistance, la foiblesse des douleurs, leur courte durée, en donnent les preuves les plus convaincantes; mais ayant à parcourir une route encore assez longue, il a bien senti qu'il lui falloit un moyen pour assurer et continuer sa marche; il trouve ce moyen dans l'effet du froncement que la contraction procure aux fibres les plus voisines du passage qui s'ouvre, et c'est par ce résultat qu'il passe assez rapidement au second temps, après avoir expliqué à sa manière pourquoi les femmes sont plus légères et plus agiles lorsque le ventre tombe et s'abaisse.

En assurant sa marche par le résultat du froncement qu'éprouvent les fibres les plus voisines du passage qui s'ouvre, M. Petit nous fait apercevoir que par ce même résultat, la résistance a perdu son intégrité, qu'elle ne peut plus agir également de tous les côtés; elle a donc dès-lors perdu une partie de sa puissance, elle a donc commencé de s'affoiblir; le passage du premier au second temps est donc produit par l'affoiblissement de la résistance qui deviendra de plus en plus sensible, à mesure que par ce froncement continué son résultat fera du progrès.

Ces efforts, nous dit notre auteur, sont alors plus violens, sans nous apprendre pourquoi; mais ils ne peuvent être devenus plus violens que par une augmentation de force dans la partie qui les fait; il s'ensuit donc encore que la matrice acquiert plus de force par ce même résultat, et nous osons établir que ces conséquences sont si étroitement liées, si inséparables, qu'il est impossible de concevoir l'augmentation de la foiblesse de la résistance, sans concevoir en même temps l'augmentation des forces de cet organe: ces assertions seront amplement confirmées dans les paragraphes suivans.

Nous lisons dans la page 84, que « lorsque » les fibres longitudinales et obliques se con- » tracteront, elles approcheront le fond de » la matrice de son orifice, et réciproque- » ment cette dernière partie de la première».

Si l'on considère que ces fibres se sont contractées dans le premier temps du travail, comme elles le font dans le second, sans pouvoir produire l'effet dont il est question, parce que l'adhérence des membranes occupoit alors une trop grande étendue des parois de la matrice, il ne sera pas difficile de concevoir que lorsqu'elle aura pu s'en séparer en partie, lorsque cette séparation aura fait du progrès par les efforts plus violens du second temps, qui le deviennent encore plus par ces progrès, la contraction de ces fibres pourra réellement rapprocher le fond de la matrice de son orifice, et *vice versâ*. N'en résulte-t-il pas évidemment que la résistance continue de s'affoiblir, que la force de ce viscère augmente, au contraire, et une preuve affirmative de la solidité de nos assertions.

M. Petit ajoute un second moyen qui concourt à produire cet effet, p. 90.

« Quand la matrice contractée presse les » corps qu'elle renferme, une partie des » eaux comprimées se fait jour au travers des » pores de cette partie des membranes qui » répond à l'orifice ; ce qui s'en échappe di» minue la masse totale des eaux, cette dimi» nution est encore augmentée par ce qui » transsude des petits tuyaux qui s'ouvrent » à la superficie extérieure de cette portion » des membranes qui se trouve collée à la » matrice dans le voisinage de son col, avant » le commencement du travail, et qui s'en » décolle dès les premières douleurs, par l'effet » du froncement des fibres contractées com» me nous l'avons dit ».

Ce paragraphe pourroit être regardé comme

une répétition du résultat produit par le froncement des fibres contractées; mais ce qui le distingue particulièrement, ainsi que ceux qui le précèdent, est la manière claire et précise dont notre auteur nous trace les progrès du travail; il n'est pas douteux que la transsudation des eaux y contribue aussi. Je n'ai rien vu ni lu d'aussi satisfaisant à cet égard. Il est cependant vrai que, depuis la publication de son mémoire, quelques auteurs ont parlé de transsudation des eaux; mais ils n'ont rien dit de l'effet qui en étoit la suite, ni de celui qui résultoit du décollement des membranes. Il nous paroît certain que c'est par eux que la résistance continue de s'affoiblir, que la matrice au contraire se renforce, et par eux aussi, que les fibres longitudinales et obliques peuvent, par leur contraction, produire le rapprochement du fond de la matrice de son orifice. Nous croyons qu'il est de nécessité absolue pour que l'accouchement se termine.

Notre auteur confirme cette dernière assertion par ce qui suit, p. 93.

« Ce n'est pas à la seule diminution des » eaux que les membranes doivent la puis- » sance qu'elles ont de s'avancer dans le va- » gin; il se passe aussi quelque chose du côté » de la matrice, qui contribue à produire cet » effet, à chaque contraction sa cavité se » resserre, et elle reste toujours plus petite » qu'elle n'étoit auparavant ».

Il est évident que la cavité de la matrice ne reste plus petite, à chaque contraction, que parce que, par son effet, le fond de la matrice continue à se rapprocher de son orifice; mais ce n'est pas ce qui en prouve la nécessité : les membranes sont si peu extensibles, qu'il est impossible qu'elles eussent pu s'avancer dans le vagin, qui ne peut avoir lieu sans l'abaissement du fonds de la matrice, suite nécessaire de leur décollement et de la transsudation des eaux. Il paroît donc que ces trois moyens concourent également à leur donner cette puissance. C'est une omission de l'auteur, de ne l'avoir attribué qu'à la diminution de la cavité de la matrice et à la transsudation des eaux. Cette omission est bien prouvée par ce qu'il nous dit des membranes, p. 91-93 : dans la première, elles sont lâches; dans la seconde, elles se rident dans l'organe dans le temps du repos; mais dans cet état elles sont censées être au moins en partie décollées; la portion qui le sera s'avancera donc dans le vagin dans la contraction qui succédera au repos; elles tiendront donc aussi cette puissance de leur décollement.

M. Petit nous a conduit insensiblement à la fin d'un travail ordinaire, par les effets que nous croyons seuls capables de l'y faire parvenir; ils nous présentent une confirmation complète de la foiblesse de la résistance; elle est en effet alors presque anéantie. Nous voyons en même temps combien la matrice a de force, la vigueur de ses contractions en est la preuve.

L'observation vient à notre aide, elle va confirmer la bonté de la doctrine, nos réflexions et les conséquences que nous en avons déduites.

Les grandes douleurs ne s'annoncent que lorsque les membranes ont pu s'avancer dans le vagin, ou, pour parler le langage le plus ordinaire, lorsque les eaux ont pu se former; mais elles ne le peuvent que par le moyen des effets dont je viens de parler; mais par ces mêmes effets, la résistance ne peut non-seulement plus agir également de tous les côtés, mais il paroît encore qu'elle ne peut agir que très-foiblement sur un seul; il en résulte donc qu'elle a perdu la plus grande partie de sa puissance, qu'elle est alors très-affoiblie. Et s'il est vrai que les douleurs ne peuvent être si violentes, que parce qu'elles sont déterminées par des contractions longues, véhémentes et vigoureuses, qui ne sont telles que parce que l'action de la matrice est devenue très-forte; il est à croire que bientôt elle sera assez puissante pour terminer l'accouchement, s'il n'est plus aucun obstacle qui s'y oppose. Il est donc constant que ce viscère a d'autant plus de force, que la résistance a de foiblesse.

Il nous semble que M. Petit confirme tout ce qui précède dans ce qu'il exprime, p. 106.

« A mesure que le travail s'avance et que
» la matrice s'ouvre, le décollement des mem-
» branes s'étend et gagne successivement en
» montant toujours vers le fond de la matrice,
» jusqu'à ce qu'il soit arrivé proche du pla-
» centa, alors les eaux sortent et l'accouche-
» ment s'achève ».

Et

Et voilà véritablement pourquoi la résistance s'affoiblit, pourquoi au contraire la matrice se renforce, pourquoi le fond de cet organe peut se rapprocher de son orifice, pourquoi la tumeur qu'elle y forme se crève spontanément par l'effet d'une contraction, pourquoi enfin l'accouchement s'achève.

Il est cependant des auteurs qui ont attribué la violence des douleurs à une résistance plus grande du corps sur lequel les fibres de la matrice agissent.

M. Baudelauque partage cette opinion. Il s'explique, à cet égard, de la manière qui suit, §....

« La violence des douleurs de l'enfante-
» ment est toujours proportionnée à la force
» des contractions qui les déterminent. Com-
» me celles-ci sont très-foibles dans le com-
» mencement du travail, les douleurs sont
» alors si *légères*, qu'il est passé en usage
» de les désigner sous le nom de *mouches* ;
» si elles sont plus aiguës sur la fin, c'est que
» l'action de la matrice est plus forte, que
» ses fibres sont plus tendues, qu'elles sont
» plus sensibles, qu'elles agissent sur un corps
» qui leur résiste davantage ».

Ce paragraphe renferme plusieurs propositions qui me paroissent mériter une discussion particulière. Il est vrai que la violence des douleurs est proportionnée à la force des contractions; mais il l'est aussi que celles-ci sont proportionnées à la résistance qu'elles éprouvent. On pourroit même dire que dans le commencement du travail, elles sont maîtrisées par elle, et on en donneroit pour preuve ces douleurs si légères désignées sous le nom de mouches, qui ne sont telles, que parce que les contractions qui les déterminent sont arrêtées et suspendues presqu'aussitôt qu'elles s'annoncent.

Si elles sont plus aiguës sur la fin, c'est que l'action de la matrice est plus forte, cela est encore vrai; mais comment et pourquoi cette action devient-elle plus forte? c'est ce que cet auteur ne nous apprend pas; j'espère y avoir suppléé. C'est aussi parce que les fibres de cet organe sont plus tendues, qu'elles sont devenues plus sensibles, et qu'elles agissent sur un corps qui leur résiste davantage.

Personne n'a plus de vénération que moi pour les talens et les lumières de M. Baudelauque; mais voyant les fibres de la matrice se raccourcir à chaque contraction, je ne peux concevoir qu'elles puissent être plus tendues, qu'elles deviennent plus sensibles, puisqu'elles ne sont pas le siége de la douleur, et que c'est, au contraire, par leur contraction qu'elles la déterminent. Et à l'égard de leur action sur un corps qui leur résiste davantage, je le prie d'observer que la matrice jouit alors de toute sa force, que la véhémence des douleurs est une suite de la violence de ses contractions, et d'après lui, qu'elles leur sont réellement proportionnées; qu'à la vérité, ce corps plus fortement poussé sur la partie de la matrice la plus sensible, son orifice, peut augmenter la souffrance, mais que sa résistance n'y a, et ne peut y avoir aucune part.

La pratique des accouchemens nous présente encore des circonstances bien propres à nous éclairer encore sur un objet aussi intéressant pour la partie théorique de cet art sublime ; elles nous serviront à étayer, à fortifier notre opinion.

Il n'est pas rare que le commencement du travail se prolonge pendant dix, douze et même quinze heures, dans des femmes bien conformées, dont les enfans se présentent dans une bonne position. Il l'est heureusement encore moins, que d'autres accouchent dans l'espace de quelques heures plus ou moins. La cause de ces différences dépend certainement de la résistance plus ou moins long-temps soutenue que les corps contenus dans la matrice opposent à son action. Dans le premier cas, l'adhérence trop tenace des membranes aura résisté aux efforts répétés de la matrice pendant tout cet intervalle, la transsudation des eaux ne pouvant être que très-médiocre par cette raison, ce viscère continuera d'être plein, à peu de chose près ; ce qu'il contient, pourra agir également de tous les côtés, son action languira, sera comme enchaînée, la dilatation de l'orifice ne fera aucun progrès.

Dans le second, au contraire, la matrice se sera bientôt séparée d'une portion des membranes, la transsudation sera plus considérable, on sent bien pourquoi, son action deviendra par-là plus forte, le décollement et la transsudation continueront de faire du progrès, la force de l'action augmentera, et bientôt elle sera assez puissante pour la délivrer du fardeau qui la surcharge.

On me dira, sans doute, l'adhérence des membranes ne s'étend pas jusqu'à la fibre musculaire, elle ne peut donc ni gêner, ni comme enchaîner son action.

J'accorde volontiers les prémisses, mais je nie sans balancer la conséquence. Je suis en effet tellement persuadé du contraire, que je défie les objectans de me prouver que la dilatation de l'orifice puisse faire un progrès bien sensible pendant tout le temps que l'adhérence des membranes résistera à l'action de la matrice, que cette action devienne assez forte pour assurer l'arrivée du second temps, qu'elle puisse rapprocher le fond de cet organe, que les eaux puissent se former; cependant tous ces effets doivent précéder la fin du travail.

Ils me diront peut-être que cette cause dépend bien moins de la résistance des corps contenus dans la matrice que de son action, et ils ajouteront qu'elle n'a plus le même degré de force dans toutes les femmes. Je les prie de me dire d'abord pourquoi cette action est si différente dans les circonstances énoncées, pourquoi elle n'est et ne peut être la même : ils voudront bien aussi observer que, quoiqu'il soit vrai que la matrice n'a pas le même degré de force dans toutes les femmes, il l'est aussi qu'elle en a assez dans toutes pour remplir l'objet auquel elle est destinée, et que les femmes foibles accouchent aussi facilement que les fortes. Et s'ils attribuent un prolongement du commencement du travail aussi long à l'inertie de ce viscère, ils voudront bien aussi m'apprendre quel est le moyen qui fait cesser cette inertie, après cet intervalle, quel est celui qui réveille son action, qui la rend enfin assez puissante pour terminer l'accouchement.

Les accouchemens précipités forment une espèce à part; dans ceux-ci, la résistance est absolument nulle; la matrice se décolle entièrement de ses membranes par ses premiers efforts, et si la séparation du placenta s'y joint, le sac entier de la conception pourra franchir le passage, comme l'ont dit et observé quelques auteurs. Il n'y auroit jamais d'accouchemens précipités, si cela n'étoit pas ainsi. Cette circonstance n'est pas sans danger pour les femmes; car, outre l'hémorragie mortelle qui peut en être, et en est quelquefois la suite, elles sont encore exposées à la déchirure de leurs parties extérieures, et à celle de l'orifice et du col de la matrice, qui, dans la suite des temps, peut donner lieu à des maladies incurables. Nous trouvons ici une nouvelle preuve que c'est au décollement plus ou moins prompt des membranes qu'est dû le retard ou la briéveté de l'accouchement.

Il arrive quelquefois que les membranes se rompent spontanément avant que la femme ait éprouvé la moindre douleur. Le travail commence dès-lors, mais il ne devient douloureux, que lorsque les eaux se sont entièrement écoulées ou à-peu-près, la douleur se fait alors sentir ; elle est plus vive que celle du commencement d'un travail ordinaire, ce qui fait présumer qu'il est au second temps. Cette circonstance est quelquefois fâcheuse ; mais si la femme est bien conformée, si son enfant se présente dans une bonne position, elle accouchera aussi heureusement que si elle étoit dans le cas le plus commun. C'est dans ce qui reste contenu dans la matrice que réside la résistance, qui s'affoiblira à mesure que l'orifice s'ouvrira, et deviendra enfin presque nulle lorsque le travail sera près de sa fin.

Cette circonstance paroît d'abord infirmer ce que j'ai dit sur la puissance de l'adhérence des membranes ; mais par leur rupture elles perdent cette puissance, elles ne peuvent opposer une résistance marquée aux contractions de la matrice, que lorsqu'elles contiennent leurs eaux. Pressées et comprimées par elles contre les parois de la matrice, on diroit presque que leur adhérence en est fortifiée ; qu'elle ne cède que peu-à-peu à l'action. Quoi qu'il en soit, il est certain qu'elles lui opposent une réaction plus ou moins grande.

Je n'étendrai pas plus loin mes réflexions, les maîtres de l'art jugeront si elles ont quelque valeur. J'ai fait quelques efforts pour commencer le défrichement d'une terre connue, mais jusqu'à présent inculte ; je laisse aux grands cultivateurs le soin de l'achever ; je finis en me résumant.

La cause de l'intervalle qui existe entre les douleurs de l'enfantement est dûe à la résistance des corps contenus dans la matrice.

Cette résistance paroît être supérieure et maîtriser l'action de ce viscère dans le commencement du travail.

Elle perd sa force par le décollement d'une portion des membranes, et par la transsudation d'une partie des eaux, l'action en acquiert au contraire.

L'action deviendra d'autant plus forte, que le décollement et la transsudation feront du progrès.

Et j'ajoute, en forme de propositions qui paroîtront bien extraordinaires, peut-être même extravagantes, que

Le fond de la matrice peut être considéré, à quelques égards, comme le point d'appui de la puissance qui doit déplacer le fardeau de la génération.

Plutôt le point d'appui se rapprochera de la puissance, plutôt aussi le fardeau sera déplacé.

OPINION NOUVELLE

Sur la cause qui détermine l'Accouchement.

L'AUTEUR de l'article Accouchement, dans le Dictionnaire encylopédique, par ordre de matières, prétend que sa cause réside dans la matrice. Il n'est pas douteux que ce viscère a la puissance de le terminer ; mais il ne s'ensuit pas que l'agent qui produit le premier effort, et qui, seul, peut être considéré comme cause, réside dans la structure de cet organe. Le moyen par lequel une machine quelconque doit exécuter des mouvemens, n'existe pas dans sa composition, et, qu'on me passe la comparaison, une montre ne marcheroit pas sans la clef qui la monte ; or, la clef n'existe pas dans la composition de la montre, le promoteur de la première contraction de la matrice n'existe pas plus dans sa structure.

La multitude des auteurs qui se sont occupés de la recherche de cette cause, abusés par des apparences trompeuses, par des suppositions sans fondement, ou par les prestiges de leur imagination, sont tombés dans des erreurs à-peu-près semblables ; ils ont négligé de se servir du flambeau qui seul pouvoit les éclairer dans les ténèbres qu'ils avoient à parcourir.

Quoique le préjugé qui s'opposoit, en quelque sorte, aux progrès de l'art, soit depuis long-temps détruit, quoique nous ayons tous les jours l'occasion de suivre la marche du travail depuis son commencement jusqu'à sa fin, nous ne connoissons pas encore, j'ose le dire, la cause qui le détermine, et nous avons à nous reprocher la même négligence.

Je ne me flatte pas d'être plus heureux que tous les auteurs qui m'ont précédé dans cette recherche ; mais croyant que l'opinion que j'ai à proposer est plus près de la nature, lui est plus conforme que toutes celles qui jusqu'ici ont été émises, je me détermine à la publier, après avoir discuté celle de l'auteur célèbre qui m'a servi de guide dans l'article précédent.

La matrice est véritablement la puissance principale par laquelle l'accouchement se termine. Elle est fortifiée et aidée dans cette grande opération par l'action du diaphragme et des muscles de l'abdomen. Ces aides ne paroissent sensiblement agir que lorsque le produit de la conception, poussé avec violence sur l'orifice de ce viscère, y occasionne un tenesme qui oblige les femmes de s'épreindre et faire des efforts semblables à ceux qu'un état de constipation leur rendroit nécessaire pour faciliter la déjection de leurs excrémens.

Cette puissance est suspendue, et comme enchaînée, pendant la grossesse, par l'action et l'augmentation successive des corps contenus dans la matrice qui, obligée de s'étendre et de se développer plus ou moins suivant le degré de volume auquel ils parviennent, n'est plus alors que puissance résistante.

L'action des corps contenus dans ce viscère, d'une part, et la résistance qu'il oppose à cette action, de l'autre, établissent une espèce d'équilibre qui se soutiendra jusqu'à ce que le développement des fibres de cet organe soit achevé ; dès qu'il l'est, cet équilibre est rompu, la matrice rentre dans ses droits, et les corps qu'elle contient ne lui opposeront plus qu'une résistance plus ou moins long-temps soutenue.

Mais quoiqu'il soit vrai qu'elle se soit alors réemparée de sa puissance active, il ne l'est pas moins qu'ayant été engourdie et comme assoupie pendant l'espace de neuf mois, elle a besoin d'un moyen qui la réveille, qui provoque son action ; ce moyen, quel qu'il soit, doit être considéré comme la cause déterminante de l'accouchement.

Les physiciens, les naturalistes, les médecins, les accoucheurs ne sont pas d'accord sur ce moyen : l'enfant, le besoin de respirer, celui d'une nourriture plus ample, l'acrimonie des eaux, celle du méconium, ont tour-à-tour été préconisés, comme devant le fournir ; mais ils ne présentent que des suppositions ou des hypothèses qui ne sont pás soutenables.

M. Petit a prétendu que l'irritation dont

étoient susceptibles les fibres de la matrice, lorsque leur développement étoit complet, étoit le moyen dont la nature s'est servi pour ressusciter leur action.

Il nous dit, p. 106 de son mémoire : « La » puissance par laquelle la sortie de l'enfant » est procurée, et les phénomènes qui ac- » compagnent son action, étant dévelop- » pés, il n'est plus question que de savoir » quelle est la cause qui détermine cette » action : on ne sauroit douter que cette » cause ne soit l'irritation que la matrice » souffre lorsque la grossesse est parve- » nue à son terme. Il veut, p. 117, que » les fibres de la matrice soient distendues au » point d'en être irritées ; p. 121, qu'elles » éprouvent un alongement qui ne sauroit se » faire sans produire l'irritation : enfin, p. 129, » quand le développement des fibres de la » matrice tire à sa fin, celui des fibres du col » commence, et ne s'interrompt plus jusqu'au » moment de l'accouchement, qui ne manque » jamais d'arriver, dès que l'alongement forcé » ou la distraction a lieu, parce qu'elle fait » naître l'irritation, et qu'à son tour celle-ci » détermine la contraction ».

Si M. Petit avoit attribué l'effet de l'irritation aux fibres de la matrice à l'instant où leur développement est achevé, je conçois qu'elles auroient pu en être alors susceptibles, parce qu'alors elles étoient véritablement distendues, parce qu'elles étoient dans l'alongement forcé, parce qu'elles éprouvoient la distraction d'où doit naître l'irritation ; mais qu'il ait transporté cet effet au moment où la contraction s'annonce, où la douleur se fait sentir, je ne le conçois plus, parce qu'elles ne sont plus dans l'état qui les en rendoit susceptibles.

« Il en donne la preuve lui-même, p. 11,
» à quelque terme que l'accouchement se
» fasse, on observe que, quelques jours avant,
» le ventre des femmes tombe et s'abaisse
» manifestement; et ce qui peut paroître éton-
» nant, c'est qu'alors elles sont plus légères
» et plus agissantes qu'elles n'étaient aupa-
» ravant ».

Mais c'est le fond de la matrice qui commence dès-lors à se rapprocher de son orifice, qui constitue la chute et l'abaissement du ventre des femmes ; mais si cela est, comme il n'est pas possible d'en douter, les fibres de la matrice, bien loin d'être distendues, d'être dans l'alongement forcé, d'éprouver enfin la distraction qui doit produire l'irritation, sont, au contraire, raccourcies en suite de l'abaissement du fond de la matrice ; et ce qui paroît le prouver, c'est qu'outre qu'elles sont plus légères et plus agissantes, elles sont encore délivrées de beaucoup de mal-aises et des tiraillemens douloureux qu'elles éprouvoient ; d'où il me semble permis de conclure, ou que les fibres de la matrice ne sont pas alors susceptibles d'être irritées, ou qu'il n'est pas nécessaire qu'elles soient dans un alongement forcé, qu'elles souffrent une distraction, pour que l'irritation s'en empare, ou enfin, et je le crois, que ce n'est pas l'irritation qui détermine leur contraction.

« Il est de principe, ajoute M. Petit, » p. 106, que les fibres musculaires irritées » à certain degré, entrent aussitôt en con- » traction, les fibres de la matrice sont de » même genre, la même chose doit aussi leur » arriver ».

Mais dans le cas dont il s'agit, M. Petit a voulu, je le répète encore, que les fibres de la matrice fussent dans un alongement forcé, souffrissent une distraction qui devoit produire l'irritation ; mais encore, d'après lui, il est impossible de les apercevoir dans cet état pendant ces plusieurs jours qui précèdent le commencement du travail ; elles ne peuvent donc être irritées à aucun degré; leur contraction n'est donc pas produite par l'irritation.

L'auteur prétend trouver une nouvelle preuve de son opinion dans l'irritation mécanique ; mais la circonstance où l'on croit devoir l'employer, présente l'inverse de celle qui est ordinaire. Dans celle-ci, c'est la contraction qui amène et détermine la douleur; dans l'autre, au contraire, c'est la douleur qui réveille et rappelle la contraction ; elle ne forme d'ailleurs qu'une foible exception à la règle générale ; il est assez rare, en effet, qu'on soit obligé d'y recourir. Il n'est donc pas plus prouvé par cet argument, que l'irritation soit la cause de la contraction des fibres musculaires de la matrice.

Il est néanmoins certain que l'irritation est la compagne inséparable du travail ; le spasme, les tremblemens, le vomissement, la dureté du pouls, sa vélocité et la rougeur de la figure le démontrent évidemment ; mais cette irritation est l'effet des douleurs, et elle ne devient bien sensible que par leur augmentation et leur violence. Dans l'opinion de notre auteur, au contraire, c'est la douleur qui est l'effet de l'irritation.

M. Baudelauque pense, comme M. Petit, que la cause qui détermine les fibres de la matrice à se contracter, dépend d'un *stimulus* quelconque, il ne s'explique point sur la nature de ce *stimulus* ; mais il prétend aussi en prouver la nécessité par l'irritation mécanique. Il n'est pas difficile d'apercevoir que ce *stimulus* et l'irritation sont une seule et même chose.

Après m'être permis d'infirmer, de rejeter même l'opinion d'un auteur aussi justement célèbre, ses partisans pourront m'adresser les paroles du Comte de Gormas : je me garderai bien d'y répondre avec la présomption, l'audace et la témérité du jeune Rodrigue ; mais je leur représenterai que c'est cet auteur lui-même qui m'en a fourni, en grande partie, la raison ; je les prierai encore d'observer que cette opinion s'accorde peu avec ce qui m'a paru rendre son mécanisme si recommandable.

Après des réflexions assez long-temps et souvent renouvelées, j'aperçois en partie d'où naît la cause de la contraction utérine dans ce qu'il nous dit sur la légéreté et l'agilité des femmes, lorsque leur ventre tombe et s'abaisse ; j'y ajoute qu'elles éprouvent un bien-être qui leur étoit inconnu, au moins à beaucoup d'entre elles depuis long-temps. Cet état est la suite du rapprochement du fond de la matrice de son orifice, représenté par la chute et l'abaissement de leur ventre. Mais lorsque j'y joins que l'orifice a commencé de s'ouvrir, ce qui est démontré par les matières limphatico-glaireuses qui s'écoulent des parties sexuelles, j'aperçois complétement son origine, et je prétends qu'elle est la suite de ces deux effets.

L'orifice a donc commencé de s'ouvrir, peut-être à l'instant où le fond s'en est rapproché, peut-être même que son ouverture a précédé et déterminé le rapprochement du fond. Quoi qu'il en soit, il est certain que l'orifice n'a pu s'ouvrir sans se détacher de la portion des membranes qui le tapissoient ; celles-ci pressées par le resserrement tonique de la matrice, laisseront s'échapper par leurs pores une partie des eaux qu'elles contenoient, leur masse en sera diminuée, elle ne peut l'être sans occasionner un certain vide dans la matrice. Eh bien ! ce certain vide me paroît être le vrai promoteur de la contraction utérine ; et ce qui m'engage à le croire, et ce qui tend à le prouver, c'est que la contraction naît de cet état de légéreté, d'agilité et de bien-être pendant lequel il s'est opéré.

Si l'on fait attention combien la première

contraction est courte et légère, on n'aura plus de peine à se persuader qu'un moyen aussi foible ait pu la déterminer, sur-tout si on veut bien se rappeler que celles qui lui succéderont ne deviendront plus vives que par l'accroissement de la transsudation et les progrès du décollement des membranes. Je répète donc, avec une certaine confiance, que ce vide est véritablement la cause déterminante de l'accouchement.

D'ailleurs, à quoi bon ces préparatifs de plusieurs jours, qui précédent le commencement du travail, s'ils ne devoient pas servir à ressusciter l'action de la matrice. *Sic natura parvis novit perficere magna.*

OBSERVATIONS

Sur l'orifice de la Matrice.

LE siége de la douleur pendant le travail de l'enfantement a été fixé, par les auteurs les plus recommandables, dans l'orifice de la matrice; il supporte tous les efforts de ce viscère pour en procurer la dilatation, la souffrance qui en résulte est d'autant plus vive, qu'il sont eux-mêmes plus véhémens et plus soutenus, et que l'orifice leur oppose plus de résistance.

Cette opinion est consacrée dans les ouvrages de MM. Buffon, Levret, Petit; M. Baudelauque

M. Baudelauque pense surement de même, en nous disant que les meilleures douleurs sont celles qui portent sur l'orifice et sur le fondement.

Il n'en est pas de même sur les déplacemens que cette partie éprouve sur son action et sa durée, sur l'épaisseur et la solidité de ses parois.

Si l'on en croit M. Levret, l'orifice de la matrice est moins dilaté, ses parois sont plus épaisses et plus solides; il est porté en haut et en arrière lorsque le travail se déclare; l'absence de ces signes menace la femme d'un accouchement précipité, par leur persévérance, ils deviennent des symptômes qui exigent la saignée et la rendent indispensable: ces différentes assertions sont décrites dans les §§. 483, 4 et 5 de son *Abrégé des Accouchemens*, et nous voyons dans le §. 515, que l'orifice est obligé de céder, mais qu'il résiste autant qu'il le peut.

Si l'on s'en rapporte à M. Petit, l'orifice est constamment membraneux pendant la durée du travail, il ne lui accorde qu'un froncement léger; il paroît croire qu'il est entièment passif.

Si l'on adopte l'opinion de M. Baudelauque, il n'a, selon lui, que l'épaisseur de deux ou trois feuilles de papier. Il nous dit, §. 633, que l'orifice se roidit un peu, et semble se rétrécir, mais ce n'est que dans les premiers temps du travail, car dans les progrès il est obligé de s'élargir.

D'où peut naître une si grande différence

d'opinions sur un objet autant soumis à l'observation, que l'est l'orifice de la matrice? il est bien difficile de le concevoir. MM. Levret et Petit étoient également distingués par leurs lumières et leurs connoissances dans l'art des Accouchemens : tous deux, et sur-tout le premier, étoient très-employés, avoient une pratique très-étendue; et M. Baudelauque, qui répare si bien la perte de ces deux grands hommes, acquiert chaque jour des droits à la célébrité.

Je ne me permettrai aucune réflexion sur l'opinion de M. Petit; il n'a jamais rencontré que des orifices membraneux, bien souples et bien dociles; tant mieux pour les femmes qu'il a assistées.

Celle de MM. Baudelauque et Levret au contraire, quoique ce rapprochement, à certains égards, est si différente à beaucoup d'autres, qu'il me paroît important d'en faire l'analyse.

L'orifice, suivant M. Levret, est moins dilaté lorsque le travail se déclare; M. Baudelauque l'a vu de même, après quinze heures de fortes douleurs : voilà le point sur lequel ces auteurs se rapprochent : la seule différence qu'on aperçoive, est que ce n'est que quelquefois que M. Baudelauque l'a vu ainsi; M. Levret paroît, au contraire, en faire une généralité.

M. Baudelauque veut que l'orifice ne puisse se roidir et sembler rétrécir que dans le commencement du travail. Mais s'il arrive quelquefois que l'orifice soit moins dilaté après quinze heures de fortes douleurs, il s'ensuit que l'orifice a continué de se roidir, de sembler se rétrécir, de se contracter enfin dans les progrès du travail que des fortes douleurs supposent au moins, si elles ne les représentent; car les différens temps du travail ne se marquent bien certainement que par leur augmentation et leur violence.

M. Levret, au contraire, veut que l'orifice continue de se roidir, de se contracter jusqu'à ce qu'il soit occupé par la tête de l'enfant. Si les fibres musculaires de la matrice s'étendent jusqu'à ses bords, s'il est alors confondu avec son col, dont l'étoffe a servi au développement complet de ce viscère, il s'ensuit qu'il continue à se resserrer au moment que le corps de la matrice se contracte; ne seroit-ce pas par son resserrement, qui forme dans la partie inférieure de cet organe un cône renversé pendant la contraction, que la tête est obligée de s'en éloigner tant qu'elle dure? je suis fort porté de le croire. N'est-ce pas aussi par son resserrement qu'il paroît se rapprocher du doigt qui est en station au lieu de s'en éloigner, et que la poche des eaux paroît comme étranglée dans le point où elle est embrassée par son cercle. Il est néanmoins certain, comme le dit M. Baudelaucque, et comme l'avoit publié, long-temps avant lui, M. Levret, que la dilatation de l'orifice fait du progrès à chaque contraction; mais M. Levret prétendoit qu'il n'étoit apparent que dans le temps du repos.

Je reviens à la circonstance des quinze

heures de fortes douleurs. M. Baudelauque se contente de nous dire que c'est à la pratique à en instruire ; mais il auroit au moins dû nous apprendre quel est le temps auquel le travail est parvenu lorsqu'elle se présente ; M. Levret ne laisse rien à désirer à cet égard ; car il est certain qu'il a prétendu qu'il est parvenu à son second temps lorsqu'il se déclare, après nous avoir dit, §. 478, que dans le commencement le col de la matrice étoit évasé et comme entièrement effacé, et ses parois émincés. Nous en avons induit que quinze heures de fortes douleurs représentoient les progrès du travail ; permettons-nous d'en induire à présent, que l'orifice a continué de se roidir et de se rétrécir pendant ces fortes douleurs, et qu'on pourroit peut-être, à juste titre, leur attribuer son plus grand rétrécissement.

M. Levret trouve alors les parois de l'orifice plus épaisses et plus solides.

Cet auteur nous a dit, p. 110 de la suite des Accouchemens laborieux, que le fond et les parois de la matrice entrent en contraction dès que le développement de ses fibres est achevé ; M. Baudelauque nous dit, que l'action du fond qui se manifeste alors, jette le produit de la conception en avant. M. Levret se contredit dans son Abrégé, en ne donnant au fond de la matrice qu'une résistance qu'il lui conserve jusqu'au dernier temps du travail, ne lui accordant qu'alors de joindre son action à celle du corps de cet organe pour terminer l'accouchement, et M. Baudelauque ne nous apprend pas comment l'action du fond jette la conception en avant.

Je préfère la version que m'a dictée le principe de M. Petit; le fond de la matrice s'abaisse, les femmes sont plus légères, plus agissantes. Je suis tenté de croire que c'est à cet effet qu'elles doivent le bien-être momentané dont elles jouissent, persuadé que les mal-aises et anxiétés qu'elles éprouvoient avant, étoient occasionnées par le refoulement du diaphragme dans leur poitrine. Ceci n'a aucun rapport à l'objet qui nous occupe. Mais si le fond de la matrice a commencé à s'abaisser, il continuera de le faire pendant les plusieurs jours qui précéderont le travail; et lorsqu'il se déclarera, lorsqu'il sera parvenu à son second temps, il se rapprochera bien plus de l'orifice. Je pourrois établir que par cet effet, et le raccourcissemens des fibres de la matrice qui en est la suite, le col de cet organe s'est réemparé d'une portion de l'etoffe qu'il avoit prêtée pour achever le développement de ses fibres, et cette assertion, qui n'est pas sans fondement, suffiroit pour constater que les parois de la matrice sont alors plus épaisses, si elles ne sont plus solides; mais, abstraction faite de ce moyen, il me paroît suffisant que l'orifice soit moins dilaté, lorsque le travail se déclare, qu'il ne l'étoit lorsque les premières douleurs se sont annoncées pour entrevoir et pour croire qu'il aura acquis pendant le premier temps une turgescence, qu'il se sera tuméfié, ce qui constituera l'épaisseur et la solidité de ses parois, sur-tout dans la circonstance annoncée et décrite par M. Baudelauque.

Quoi qu'il en soit, c'est de cet état que naissent les symptômes qui rendent la saignée indispensable. Ils sont quelquefois portés au point qu'elle ne suffit pas pour y remédier, qu'on est obligé d'y joindre les bains ou des fumigations émollientes, et quelquefois de la répéter. C'est la conduite que tiennent tous les accoucheurs instruits dans cette circonstance, et il arrive souvent qu'une seule saignée les détruit et abrège l'accouchement (1).

M. Baudelauque ne donne à l'orifice de la matrice que l'épaisseur de deux ou trois feuilles de papier : il nous dit bien que cette épaisseur augmente un peu, lorsque la tête de l'enfant l'a dépassé; mais il faut avouer

---

(1) Mais il ne faut pas en abuser, comme e l'ai vu faire à un grand docteur consultant, qui, après soixante heures d'un travail long et pénible, ordonna deux saignées qui devoient être faites en cinq heures de temps. Ces deux saignées ne produisirent d'autre effet que d'augmenter la foiblesse de la femme qui l'avoit été une première fois dans l'intervalle des soixante heures. Cet accouchement, qui se termina trente heures après spontanément, fut précédé de manœuvres bien indiscrètes, bien répréhensibles, bien condamnables. Je me dispenserai de dire pourquoi ces deux saignées étoient inutiles, et pourquoi cette femme en fut la victime six semaines après, par l'iliade de maux qui se manifestèrent, l'enfant l'avoit été par les manœuvres dont j'ai parlé.

qu'il est assez difficile de s'en assurer alors et absolument inutile.

M. Levret a ajouté, à ce que nous avons commenté, que l'orifice étoit porté en haut et en arrière.

Toutes les douleurs que les femmes éprouvent par l'effet des contractions utérines, n'ont pas la même cause ; il en est qui dépendent de la compression qu'exercent sur les nerfs les corps contenus dans la matrice ; telles sont les douleurs dans les cuisses, les crampes, etc. Elles se font sentir avant le commencement du travail ; elles deviennent plus vives et plus fatigantes, lorsqu'il est déclaré par l'effet des contractions. Ces douleurs ne font rien pour l'accouchement, elles lui sont, pour ainsi dire, étrangères, elles ne sont qu'un surcroît de souffrance pour les femmes.

Celles qui y servent, portent sur l'orifice de la matrice ; c'est-là où est leur siége, c'est par leur effet que la dilatation de l'orifice doit acquérir une assez grande étendue pour donner passage à l'enfant et lui permettre de venir au jour.

Les plus insupportables de ces douleurs, celles que les femmes supportent le plus impatiemment, sont celles qui se font sentir dans la partie qu'elles nomment les reins. Or, si le siége de la douleur est dans l'orifice de la matrice, il s'ensuit qu'il est porté en haut et en arrière, lorsqu'une femme éprouve des douleurs de reins, et, ce qui paroît le confirmer, c'est que ces douleurs cessent lorsque l'orifice a repris sa place au centre du vagin.

Les auteurs ne sont pas d'accord sur la cause de ces douleurs : les uns les ont attribuées au tiraillement des ligamens ronds postérieurs de la matrice ; les autres, à son obliquité. M. Baudelauque les a aperçus particulièrement lorsque le placenta étoit attaché à sa partie postérieure, et il ajoute que cela ne suffit pas pour en donner l'explication.

Cette différence d'opinions n'offre que doute et incertitude ; la position où se trouve l'orifice lorsque le travail se déclare, d'après M. Levret, présente au contraire une conséquence directe, préférable, à tous égards, à des assertions vagues, dénuées de fondement.

Je n'étendrai pas plus loin mes réflexions sur l'orifice de la matrice ; mais je dirai que l'homme célèbre à qui appartient l'exposé que je viens de présenter, ne s'est permis de le publier que d'après des observations multipliées. Je sais, mieux que personne, combien il avoit employé de travail et d'études, combien aussi il lui en a coûté pour acquérir les connoissances de l'art, avant de se livrer à la pratique, et personne n'ignore combien il a contribué à ses progrès par ses ouvrages et les découvertes qu'ils contiennent. Il n'est pas l'inventeur du forceps, mais il existe des milliers d'enfans qui lui doivent l'air qu'ils respirent, et autant de mères, l'intégrité de leurs parties, par les bonnes corrections qu'il a faites à ses branches et à leur jonction. Nous lui devons l'abolition de cette pratique barbare, sinon meurtrière, du fer et du feu pour la destruction des polypes du nez, de la gorge, et sur-tout de la matrice. Il devoit tout ce qu'il a été, à l'étude et à la méditation; l'observation étoit sa boussole; il ne rentroit jamais sans s'enfermer pour se rendre compte, et mettre par écrit tout ce qu'elle lui avoit appris, et qui plus que lui a été à portée d'en faire. Il manquoit malheureusement des moyens nécessaires pour étendre ses connoissances et les mettre dans un plus grand jour; il n'étoit pas lettré. Quelque prévenu que je sois, je crois cependant qu'il a trop généralisé ses assertions sur l'état de l'orifice lorsque le travail se déclare; mais il n'en est pas moins vrai qu'il se roidit, se resserre et resiste jusqu'à ce qu'il soit occupé par la tête de l'enfant.

QUELQUES APERÇUS

Sur le Flux menstruel, sa nature et sa cause.

Les physiciens, tant anciens que modernes, se sont beaucoup occupés de rechercher la cause qui détermine cette évacuation périodique qui a reçu différentes dénominations, connues particulièrement parmi nous sous celle de *règles*.

Sans m'arrêter aux idées creuses de quelques auteurs, qui d'ailleurs ont quelque célébrité, je passe à l'opinion la plus généralement reçue : les règles sont produites par une pléthore générale, qui en produit une particulière dans la matrice.

Bohn et Freind sont les auteurs de cette opinion ; il faut avouer que ce dernier l'a étayée de raisons si plausibles en apparence, qu'elle a été sanctionnée, même par les femmes : nous les entendons tous les jours nous dire qu'elles sont très-sanguines.

Drake, Carleton et Graaf ont foiblement combattu cette opinion ; on ne peut cependant refuser aux objections de Drake une certaine valeur qui leur a fait perdre en substituant, contre toute raison, à la pléthore, un ferment bilieux amassé dans la vesicule du fiel.

C'est, j'ose le dire, dans les phénomènes

si variés et si extraordinaires que présentent les règles, qu'il falloit chercher les moyens d'infirmer cette opinion, ou au moins la reduire à sa juste valeur. Nous voyons, en effet, qu'elles sont très-abondantes dans beaucoup de femmes, médiocrement dans beaucoup d'autres, qu'elles ne durent que vingt-quatre heures dans quelques-unes, et que dans quelques autres, elles paroissent et disparoissent presque au même instant. Cependant dans toutes, les effets de la pléthore et les accidens qu'elle produit sont également détruits. Il est néamoins certain que toutes, ou à-peu-près, les éprouvent.

Il l'est de même qu'ils sont bien plus marqués, bien plus apparens dans les femmes qui ont des règles très-abondantes; mais s'ensuit-il de-là qu'elles soient plus sanguines que les autres; je ne le crois pas, et l'observation semble m'y autoriser.

Les femmes, d'une constitution délicate et foible, ont très-souvent, en effet, des règles bien plus abondantes que les femmes fortes; ne seroit-il pas absurde d'affirmer que les premières ont plus de sang que les autres? cependant la supposition d'une pléthore générale entraîneroit cette mauvaise conséquence: n'est-il pas au contraire certain que l'action des vaisseaux étant plus vigoureuse dans la femme forte, qui digérant mieux, qui menant une vie très-active, elle fabrique bien plus de sang que la femme foible; je ne crois pas que cette assertion puisse trouver des contradicteurs; cependant ses règles sont moins abondantes. On se contente de nous dire que c'est parce qu'elle transpire beaucoup ; il est vrai qu'une partie de son sang peut, en se décomposant, s'échapper par la voie de la transpiration ; mais c'est aussi parce que ses humeurs mieux élaborées, contiennent moins de matières excrémentitielles. Nous croyons, en effet, qu'une plus ou moins grande quantité de ces matières se trouve mêlée avec le sang qui s'écoule pendant la durée des règles, et nous en concluons que la pléthore n'est pas purement sanguine.

Examinons à présent, si dans les moyens mêmes qui ont été employés pour étayer et confirmer l'opinion de la pléthore générale, sanguine, nous ne trouverons pas, au contraire, des raisons de l'infirmer.

On nous a dit que cette pléthore étoit occasionnée par une surabondance de nourriture qui peu-à-peu s'accumule dans les vaisseaux sanguins. Mais la jeune pubère, dont les règles s'annoncent, n'ayant pas mangé plus qu'elle ne le faisoit deux mois avant, et peut-être moins en suite des incommodités qu'elle éprouvoit avant leur apparition, ne peut être considérée comme contenant un superflu de nourriture ; ce n'est donc pas l'accumulation de cette nourriture dans ses vaisseaux qui a produit la pléthore qui a déterminé ses règles. Et d'ailleurs, quand même on admettroit qu'elles sont le résultat de cet excès de nourriture, s'ensuivroit-il que la pléthore alors est purement sanguine ? l'inspection de ces premières règles démontreroit évidemment le contraire. On a ajouté que le corps des femmes est plus humide que celui des hommes, que leurs vaisseaux, et sur-tout leurs orifices sont plus tendres, qu'elles ont une manière de vivre moins active, qu'elles ne transpirent pas assez pour dissiper le superflu des parties nutritives, lesquelles s'accumulent au point de distendre les vaisseaux et de s'ouvrir un passage par les artères capillaires de la matrice. Mais si le corps des femmes est plus humide, c'est parce que leurs vaisseaux et leur sang contiennent plus de matières limphatiques et séreuses, sur-tout si on y ajoute celles qui auroient dû s'échapper par la voie de la transpiration ; mais il est impossible que, lorsque les orifices des artères capillaires s'ouvriront, le sang qui s'écoulera n'entraîne en même temps les matières limphatiques et séreuses dont il est surchargé, la pléthore générale n'est donc pas purement sanguine. Qu'importe, après cela, que le vagin et l'orifice de la matrice soient perpendiculaires à l'horizon, que la pression du sang se fasse sur l'orifice des nombreuses artères qui se portent dans la matrice, et que les veines fassent plusieurs tours et détours, il en résultera seulement que ce viscère, eu égard à sa situation et au nombre des vaisseaux qui s'y portent, étoit plus propre qu'aucun autre à cette évacuation périodique, mais jamais qu'elle ne soit que du sang.

Quelques auteurs de la secte des hydrauliciens ont encore enchéri sur cette pléthore générale ; ils ont de plus prétendu que le sang des règles étoit pur et sain.

L'observation est bien peu d'accord avec cette assertion, et d'abord, le sang des règles a toujours une odeur plus forte que celui qu'on tireroit d'une veine, ou qui s'écouleroit par un saignement de nez. Il y a plus, l'odeur en est quelquefois infecte, quoique les femmes jouissent d'une bonne santé et soient d'ailleurs très-propres. Ce sang est-il alors bien pur et bien sain, comment a-t-il pu acquérir cette odeur ?

L'inspection des règles de beaucoup de femmes nous montre qu'elles sont mêlées avec des humeurs autres que du sang, celui qui s'écoule n'est pas alors pur et sain.

Il en est d'autres dont les linges dont elles se garnissent, sont tachés de différentes couleurs ; est-ce un sang pur et sain qui produit ces taches ?

L'iliade de maux, qui est la suite de la rétention et sur-tout de la suppression des règles, peut-elle être attribuée à la retenue d'un sang pur et sain ? dans cette supposition, la saignée seroit l'unique et le plus efficace des remèdes ; il n'est aucun de nous qui ignore combien nous sommes obligés d'y en joindre d'autres pour y remédier.

Ils voudront bien nous apprendre si c'est un sang pur et sain qui occasionne à beaucoup de femmes, pendant l'émission de leurs règles, ces douleurs atroces, ces coliques, quelquefois si violentes, qu'elle leurs procurent des convulsions (1).

Si c'est l'impression qu'un sang de cette nature fait sur la matrice en la traversant, qui procure à d'autres des spasmes, des attaques de nerfs, des maux de tête, le clou histérique ; cette roideur, cette érection des cheveux qui, tendus comme les cordes d'un instrument, tiraillent, dans tous les points,

---

(1) Dans le temps que je m'occupois de ces réflexions, j'ai vu une demoiselle, âgée de dix-huit ans, qui, ayant ses règles, souffroit tellement de la colique dont je viens de parler, qu'elle jetoit les hauts cris. Elle étoit pâle, décolorée, et son pouls étoit tellement serré, qu'à peine il étoit sensible. Elle éprouve tous les mois cet accident.

J'ai connu une femme qui a été pendant dix ans dans le même cas ; sa colique étoit si violente, qu'elle lui occasionnoit des convulsions qui duroient quelquefois pendant trente-six heures. Elle en fut entièrement delivrée après son premier accouchement.

J'en connois une autre, dont les règles supprimées par un événement tragique, entroit chaque mois, à l'époque de leur retour, dans des convulsions si violentes, que quatre hommes très-forts ne pouvoient la maintenir dans son lit. Elle avoit été saignée plus de soixante fois du pied.

Lorsque je la vis pour la première fois dans cet état, en employant, dans l'intervalle des périodes, les moyens propres à y remédier, je parvins à en éloigner le retour, et à les rendre plus supportables ; mais elle n'en fut délivrée qu'après sa seconde couche.

la calotte membraneuse et la rendent si douloureuse. Ils n'y parviendront pas, et peut-être ils nous diront que ce sont des exceptions, mais ces exceptions sont si étendues, qu'elles établissent une grande généralité.

Si les phénomènes si variés des règles, si les maux qui sont la suite de leur rétention ou de leur suppression; et si ceux qui accompagnent si souvent leur émission, ne paroissent pas suffisans aux partisans de la pléthore générale pour les désabuser, et leur démontrer qu'elle n'est pas purement sanguine, et sur-tout que le sang qui s'écoule n'est pas pur et sain, employons pour y parvenir l'opinion qu'en ont manifesté quelques auteurs.

Vanhelmont en étoit tellement persuadé, qu'il a qualifié les règles du mot latin *sordes*; elles ne sont, selon lui, que des ordures, des excrémens. Il a donné à la matrice un archée monarchique, auquel il attribuoit la formation, l'émission et la cessation des règles. Nous avons vu combien cet archée est quelquefois tyrannique.

Sans nous arrêter à l'opinion de cet enthousiaste, qui n'est pas sans fondement, car il accorde à cet organe une puissance trop étendue sans doute, que nous reconnoissons aujourd'hui dans l'action qui lui est propre, que les partisans de la pléthore générale semblent lui refuser. Passons à celle d'un auteur contemporain, qui a enrichi la Médecine d'ouvrages précieux.

M. Bordeu

M. Bordeu a été le plus ardent antagoniste de la pléthore générale sanguine ; il l'a combattue par des argumens solides, étayés de preuves qui ne l'étoient pas moins. Dans ses *Traités sur l'action des Glandes*, il ne considère les règles que comme une sécrétion périodique : il va plus loin dans son *Analyse du sang* ; il croit que c'est à l'impression de l'*aura seminalis* sur les parties sexuelles, et sur tout l'individu féminin, qu'est due la cause des règles et l'ouverture des orifices vasculaires par lesquels elles doivent s'écouler. Il voit, ainsi que les auteurs et partisans de la pléthore générale sanguine, une redondance, mais elle est, selon lui, plus humorale que sanguine.

Il nous dit, p. 433, « que les règles sont » dans les femmes l'aurore et les compagnes » de la puberté. Celle-ci est due au déve» loppement des parties de la génération qui » font éclore l'*aura seminalis*, dont les im» pressions ont beaucoup de rapport à celles » de la semence de l'homme. Une de ces » impressions les plus notables est la perte » de sang par la matrice, portée à son degré » de maturation ».

La semence existe certainement dans l'un et l'autre individu avant qu'ils ne parviennent à leur puberté ; mais elle étoit employée conjointement avec les sucs nourriciers, à leur accroissement, et ce n'est que lorsqu'il est achevé, ou à-peu-près, qu'elle acquiert dans l'un et dans l'autre la vertu prolifique, qu'elle se cantonne et aime à germer dans les parties de la génération, comme le dit l'auteur, qu'elle peut produire les impressions qui, de ces parties, se communiquent bientôt à tout l'individu, et augmentent évidemment l'action de tous ses vaisseaux; qui sont enfin suivis d'effets aussi étonnans qu'admirables.

« Notre auteur partage cette opinion avec » de savans modernes, qui ont eu des idées » qui lui paroissent très-près de la nature. » Ils ont suivi dans la marche de la puberté » la naissance et les progrès de l'humeur » prolifique des femmes, à laquelle ils ont » attribué les phénomènes des règles; bien » entendu, ajoute-t-il, que l'effet principal » de l'humeur prolifique est toujours con- » joint à l'action personnelle de la matrice, » à sa sensibilité vitale et à son appétit plus » ou moins tourné du côté de la génération ».

Il résulte évidemment de l'opinion de notre auteur, unie à celle des savans modernes, que l'effet principal des impressions de l'humeur prolifique des femmes, est la création de leurs règles. Ils y ont été autorisés par les phénomènes qu'elles présentent. Le changement de la voix dans l'homme doit nous paroître aussi étonnant et difficile à concevoir, que le flux menstruel dans la femme; il n'est pas douteux qu'il ne soit aussi l'effet des impressions de l'esprit séminal.

A l'égard de l'action personnelle de la matrice, de sa sensibilité vitale, de son appétit pour la génération, je ne peux les considérer que comme des accessoires dépendans aussi de ces impressions ; ils ne se manifestent, ne sont apparens, que lorsque les règles ont paru.

« Il est d'ailleurs certain, ajoute notre » auteur, que l'esprit séminal vivifie, ren» force et remonte tous les ressorts dans une » femme comme dans un homme, et » qu'il maîtrise, conduit ou dirige tout l'in» dividu dans le physique comme dans le » moral ».

Regardez ce jeune homme, séduit par l'idée agréable que lui présente un plaisir qu'il ne connoît pas encore ; il se tourmente et s'agite sans cesse ; ses discours, ses actions, ses gestes, ses démarches tendent toutes à se procurer la jouissance de ce plaisir ; il n'est aucun moyen qu'il n'emploie pour y parvenir. Son physique n'est-il pas alors dans une combustion continuelle ? n'est-il pas maîtrisé, conduit et dirigé par l'idée agréable que lui présente ce plaisir ? Jetez les yeux sur cette jeune fille dont la pudeur embellit les charmes et masque le desir, et vous n'aurez plus de peine à vous persuader qu'elle ne soit en même temps dirigée dans son physique et son moral, et que ce sont, dans l'un et dans l'autre, des produits des impressions de l'esprit séminal.

L'auteur nous dit ensuite, qu'à ce compte les règles seroient une sorte de purgation ou d'excrétion en tout semblable aux autres, et destinée à chasser du corps quelque humeur dont la présence nuiroit à l'individu.

J'avoue que je ne vois pas dans tout ce

qui précède, d'où il a pu déduire cette conséquence ; mais il la justifie en ajoutant ensuite : " les règles seroient le résidu de la cachexie séminale. Mais la cachexie séminale suppose la surabondance de cette humeur ; mais cette surabondance pourroit nuire à l'individu, comme celle de toute autre humeur. " Il n'a donc rien avancé de trop en nous disant que les règles seroient une purgation ou excrétion en tout semblable aux autres. Il va être bien plus concluant dans tout ce qui nous reste à examiner touchant son opinion à cet égard.

« Ainsi les règles sont excitées, p. 136, » par une surabondance d'esprit séminal qui » se joint au jeu de la matrice ; et p. 137, » il est aisé d'apercevoir que dans beau» coup de femmes, tous les couloirs se met» tent de la partie, et qu'ils regorgent de li» queurs excrémentitielles qui se joignent à » l'*aura seminalis*, et qui s'échappent par les » routes que cet *aura* fait ouvrir ; cette » abondance d'humeurs complète les règles. » Je ne saurois compter le nombre des jeunes » filles qui, à l'approche de leurs règles, » ainsi que les femmes qui sont réglées de» puis long-temps, dont les cuisses et autres » parties de leur corps sont couvertes d'é» ruptions dartreuses, érysipélateuses, mu» queuses. En un mot les règles sont une » vraie dépuration des humeurs ».

Nous apercevons tous les jours les effets de la redondance dans les femmes qui attendent leurs règles ; leurs vaisseaux sont plus gonflés ; un demi-cercle noirâtre borde la paupière inférieure de beaucoup d'entre elles ; leur teint est plombé, leur haleine moins douce, leurs yeux moins vifs ; elles éprouvent des mal-aises et des lassitudes. Tous ces accidens peuvent être attribués à la pléthore générale sanguine ; il faut avouer qu'elle se manifeste quelquefois ; mais si on fait attention qu'ils sont d'autant plus marqués dans les femmes, que leurs règles sont plus abondantes ; et s'il est constant qu'elles le sont très-souvent davantage dans les femmes foibles et valétudinaires, que dans les femmes fortes, qui doivent être censées fabriquer et avoir plus de sang que les premières ; il s'ensuit que dans celles-ci les règles sont complettées par des humeurs excrémentitielles. Si on y ajoute que leur nombre est immense, et si on leur adjoint les femmes sédentaires par état, par nécessité, ou par fortune ou richesse, on trouvera au moins que les règles de ces dernières sont chargées d'un excédant de transpiration qui eût dû s'échapper par l'exercice et le travail. Cet excédant ne peut être considéré que comme humeur excrémentitielle. Les éruptions dartreuses, érysipélateuses, muqueuses dont parle l'auteur, tendent encore à étayer son opinion ; elles ne peuvent être produites que par une portion de ces humeurs qui s'est échappée sur les cuisses, ou sur d'autres parties du corps d'une infinité de femmes. L'opinion de l'auteur, quant à la dépuration des humeurs, est donc dans ce moment assez bien établie : elle va l'être encore mieux par les réflexions suivantes.

La foible santé de beaucoup de femmes ne se soutient que parce qu'elles sont délivrées tous les mois de ces humeurs excrémentitielles : si elles ne perdoient que du sang, elles en seroient au contraire bientôt atterrées, et n'y résisteroient pas long-temps. Les femmes sédentaires ne conservent celle dont elles jouissent, que parce que la transpiration retenue s'échappe avec le sang, et lorsque, par quelque cause que ce soit, les règles des unes ou des autres sont retenues ou supprimées, elles éprouvent des symptômes qui ne peuvent raisonnablement être attribués qu'à la retenue de ces matières délétères.

Les auteurs et partisans de la pléthore générale sanguine, font ouvrir les orifices des nombreuses artères par lesquels les règles doivent s'écouler par la seule impulsion du sang; mais dans cette supposition, ils font de la matrice un être entièrement passif; cependant son action est bien prouvée par la résistance qu'il oppose quelquefois à leur émission, et ils en conviennent. Notre auteur, au contraire, joint le jeu de cet organe à la surabondance de l'*aura seminalis*, pour exciter cette évacuation périodique, qui est déterminée par les impressions que cette surabondance fait sur ce viscère et sur tout l'individu féminin. Ces mêmes impressions ouvrent en même temps les routes par lesquelles elle doit se faire;

je ne vois rien qui empêche de présumer, de supposer au moins qu'elles produisent aussi cet effet. Nous trouverons dans le paragraphe suivant de nouveaux moyens de probabilité.

Les accès d'orgasme amoureux auxquels sont sujettes les femelles des animaux, occasionnent un prurit, un engorgement, un gonflement considérable des parties qui laissent échapper du sang avec des liqueurs blanches. Ce flux est marqué par tous les signes d'une sensibilité fiévreuse ; on diroit que c'est un abcès qui crève. La chaleur, la fièvre dominante, au moins dans la partie affectée, l'érétisme, le spasme, joints au bouillonnement et à la surabondance de la liqueur séminale, concourent à cette érection et à l'évacuation muqueuse et sanguine. Ce travail rappelle à merveille les règles des femmes, etc.

L'orgasme amoureux des femelles des animaux, le prurit, l'engorgement et le gonflement de leurs parties, les matières muqueuses et sanguines qui s'en écoulent, la fièvre, la chaleur, l'érétisme, le spasme qui subsisteront pendant toute la durée de cet orgasme, sont évidemment dus à l'impression que la surabondance de la liqueur séminale, son exaltation, son bouillonnement aura fait sur elles. Il n'existe point d'autre humeur capable de produire ces effets. Ce travail, qui précède toujours la conception, rappelle non-seulement les règles des femmes, mais il etablit encore une grande analogie entre elles et le flux muqueux sanguin des brutes. Cette analogie est prouvée par l'identité des effets qui doivent en résulter. La nature a établi dans les femelles des animaux ce flux muqueux et sanguin pour les rendre mères, les femmes ne le deviennent, ou ne sont propres à le devenir, que lorsque leurs règles se sont annoncées. Mais dans les premières, ce flux est la suite de l'impression que fait sur leurs parties l'esprit séminal. Ne seroit-il pas naturel de penser que l'impression de cet esprit produit aussi les règles dans les femmes ; et d'ailleurs, nous sommes les êtres privilégiés; c'est envers nous que la nature a été plus libérale ; elle nous a bien plus pourvus de cette précieuse liqueur. Nous en faisons, depuis l'instant de la puberté jusqu'à l'âge de soixante ans, une consommation prodigieuse, et il est des êtres peu sages et trop prodigues, qui étendent bien plus loin la jouissance qui en procure la perte. N'est-il pas au moins probable qu'elle produit, tous les mois, dans les femmes, pour les rendre dans tous les temps aptes à la conception, ce qu'elle ne produit qu'une fois l'an dans les femelles des grands animaux, deux ou trois dans les médiocres, et cinq à six dans les petits.

La puberté est commune aux deux sexes, mais la barbe et le changement de la voix ne se manifestent que dans les hommes. Ces deux effets sont dus à l'action de l'esprit séminal à cette époque ; les eunuques confirment cette assertion ; les règles s'annoncent aussi alors : il est au moins permis de présumer qu'elles sont amenées et produites par le même agent.

Viehof (1) nous présente une présomption encore plus forte ; il nous dit que la semence est gélatineuse, spiritueuse ; elle a la vertu de consolider les parties, de les nourrir ; elle irrite et stimule toutes les fibres ; elle est la cause de cette odeur fétide qui s'exhale des mâles vigoureux ; elle produit des effets admirables : elle doit être enfin considérée comme un *stimulus* particulier de la machine, *novum quoddam impetum faciens*.

Si les femmes sont pourvues de cette précieuse liqueur, comme on n'en sauroit douter, elle doit être considérée comme le *stimulus* particulier de leur machine, le *novum quoddam impetum, faciens* qui provoque leurs règles.

Une observation assez constante semble encore militer en faveur de cette opinion, les périodes des règles s'abrègent, et elles deviennent moins abondantes à mesure que les femmes avancent en âge : on ne dira certainement pas qu'elles sont moins pléthoriques, car alors plus sédentaires, transpirant moins, mangeant autant, et peut-être plus que lorsqu'elles étoient jeunes, elles sont, suivant le principe reçu, censées l'être un peu plus. Mais on aura recours à la roideur, l'oblitération des vaisseaux, et c'est à trente-six ou quarante ans que les vaisseaux s'obliterent, deviennent plus roides,

(1) *De castratis commentationes quatuor*, 1756.

et ces femmes regorgent alors de sucs. Mais alors les femmes sont moins propres à la conception, parce que la semence n'est plus aussi spiritueuse, qu'elle a perdu de sa force, de son activité, qu'elle est enfin moins stimulante, et c'est par la même raison que leurs règles sont moins abondantes.

On peut encore trouver une induction forte en sa faveur, dans le sentiment de M. le Cat. Ce physicien s'est trompé, ainsi que beaucoup d'autres, en donnant pour cause des règles un ferment accumulé dans la matrice ; mais il a dit une grande vérité, en prononçant que c'étoit à l'époque de leur naissance que se manifestoit le desir d'un sexe de se réunir à l'autre.

Les détracteurs de cet homme vraiment célèbre, ont prétendu que les évacuations périodiques du sexe étoient indépendantes de la fermentation voluptueuse, qu'étant amenées, dans bien des femmes, par des coliques, par des douleurs insupportables, elles excluoient nécessairement ce desir : oui surement, pendant que ces coliques, ces douleurs se font sentir. Ils lui ont reproché de tout sacrifier à ses hypothèses, et ils ont ajouté que les filles sages et les vierges ne connoissoient pas ce desir ; mais qui le leur a appris? Il est vrai que la pudeur, la crainte, la religion, et dans les cloîtres, les austérités, le rendent moins vif, moins pressant, moins apparent ; mais en le réprimant, elles l'éprouvent aussi ; elles vivent sous la même loi ; elles sont formées de la même pâte :

telle a été l'intention de la nature, ainsi l'a voulu le Créateur, en nous disant : *crescite et multiplicamini.*

D'ailleurs, c'est à l'époque de la puberté que les premiers aiguillons de la passion la plus impérieuse, l'amour, se font sentir. Quel est l'effet de l'amour, si ce n'est le desir réciproque d'un sexe de se réunir à l'autre ? Notre auteur confirme cette assertion par ces quatre mots : la passion de se reproduire gagne l'homme intérieur.

Il est cependant vrai que les maux qui accompagnent si souvent l'émission des règles étoient bien faits pour exclure ce desir. La prévoyance de notre bonne mère y a pourvu ; elle a dédommagé les femmes en leur donnant la sensibilité la plus exquise pour détruire la répugnance qui en résulteroit ; elle les a amorcées, et, pour ainsi dire, séduites par l'attrait du plaisir qu'elles sentent et expriment bien mieux que nous ; par le moyen de cet esprit créateur, que j'ose appeler divin : c'est lui qui développe en elles cette précieuse sensibilité, qui fait naître la rose, qui colore et embellit le lis, qui dirige toutes leurs facultés, tant physiques que morales, qui leur procure cet esprit délicat, ces saillies enjouées qui nous charment et nous subjuguent, qui leur fournit ces expressions tendres, fines, attrayantes, et en même temps décentes, qui dénotent la passion dirigée par le sentiment. Il semble créer en elles un être nouveau ; c'est lui enfin, et c'est le plus grand de ses bienfaits, qui leur imprime ce desir si impérieux et toujours renaissant de devenir mères : pourquoi ne seroit-il pas aussi l'auteur de leurs règles, puisque c'est lorsqu'elles ont paru, que ces agréables effets commencent à se manifester ».

C'en seroit bien assez à présent pour déterminer les esprits qui ne sont pas trop prévenus, à accorder quelque consistance à l'opinion de l'auteur dont nous avons transcrit quelques paragraphes, que nous avons commentés suivant notre manière de voir, et d'où nous avons déduit les conséquences qu'ils nous ont présentés ; mais nous n'osons nous en flatter, nous prenons en conséquence la liberté de les renvoyer aux preuves multipliées par lesquelles il l'assure et la soutient : il n'est personne qui ne puisse se les procurer.

Il faut oser le dire, toutes celles qui nous ont été transmises jusqu'ici, ne sont que des hypothèses. Celle de la lune a eu, et a peut-être encore des sectateurs distingués ; celle des fermens accumulés dans des réservoirs particuliers, est, avec raison, depuis long-temps proscrite ; celle de la pléthore générale, qui en produit une particulière dans la matrice, plus séduisante, a été assez généralement adoptée ; mais il paroît impossible de donner, par son moyen, l'explication des phénomènes aussi variés qu'étonnans que produisent les règles.

Je sais bien que par le jeu de l'organe nerveux, et par la sympathie, on nous en présentera de bien élégantes, mais seront-elles satisfaisantes? c'est ce que j'ai bien de la peine à croire.

Il y a plus : je ne peux m'empêcher d'apercevoir que l'adoption de cette pléthore générale a fait un mal irréparable ; les gens de l'art, foibles et paresseux, des physiciens du premier ordre séduits, y ont assujetti leur pratique, et de là combien de sang mal-à-propos répandu, combien de non-succès.

J'en atteste pour preuve l'observation que j'ai donnée ci-devant. La femme qui en est le sujet, fut soulagée par des moyens simples appropriés à son état, et lorsqu'elle put se marier, elle n'éprouvoit plus que quelques légères atteintes des convulsions périodiques qu'elle souffroit depuis long-temps, dont elle fut entièrement délivrée à sa seconde couche; elle existe encore et jouit d'une parfaite santé.

L'opinion de notre auteur ne nous entraînera pas dans des excès aussi condamnables; nous ne négligerons cependant pas d'employer le moyen trop prodigué dont la nécessité est quelquefois marquée, au point de nous obliger à le faire précéder l'usage de tous ceux que nous connoissons capables de remédier aux désordres qui sont la suite de la rétention, suppression ou cessation totale des règles. Elle nous offre, en outre, le moyen de donner l'explication des phénomènes si variés qu'elles présentent. En admettant enfin qu'elle ne puisse être considérée que comme un hypothèse, elle nous paroît bien préférable à toutes celles qui l'ont précédée.

P.S. Je ne connoissois pas le système de M. le Cat, lorsque j'en ai rapporté, ou à-peu-près, ce que j'en ai trouvé d'écrit dans le Dictionnaire encyclopédique. L'ouvrage qui le contient vient de me tomber sous la main ; je l'ai lu et relu avec beaucoup d'attention, et j'ai vu, avec autant d'indignation que de douleur, que les auteurs de l'article *Menstrues* ont prodigué tous leurs moyens pour soutenir l'opinion de la pléthore générale sanguine, et que, non-contens d'avoir fait à M. le Cat un reproche injurieux, ils ont encore commis l'infidélité de dénaturer la sienne. Ce grand homme n'a jamais dit que la cause des règles dût être attribuée à un ferment accumulé dans la matrice ; la phrase qui suit, n'existe pas non plus dans son système, mais elle en est une conséquence que j'ai développée et soutenue autant qu'il m'a été possible.

Je n'examinerai point si, comme le prétend M. le Cat, p. 11, les opérations de la génération ont pour premier principe moteur ou occasionnel un certain degré de fermentation putride : ce travail me mèneroit trop loin ; je me contenterai de décrire d'après lui, que la phlogose voluptueuse est la cause des règles.

Après avoir exprimé, avec autant d'élégance que de vérité, les maux que les passions nous procurent, et le peu de bien qu'elles nous font, notre auteur prétend que dans le cas dont il s'agit, la Providence sait faire naître le bien du mal, la source d'une des plus merveilleuses fonctions de la nature, dans une de ses dépravations, produite par une passion; elle a pris le feu élémentaire de la vie dans une maladie, l'amour est cette passion.

Cette maladie est certainement l'évacuation périodique; mais pourquoi l'est-elle? l'amour qui est son principe n'est pas si lunatique, l'organe est permanent.

La fermentation voluptueuse est permanente; mais la phlogose, l'engorgement hémorrhoïdal, si l'on peut se servir de ce terme, ne peuvent pas être permanens, parce que l'évacuation dégage la partie, la débarrasse et des liqueurs et des esprits fermentés, dépravés: il faut un temps pour opérer cette dépravation, ce nouvel amas des uns et des autres; or ce temps-là est ordinairement celui d'un mois. Parcourez toutes les affections des esprits, des nerfs, comme la fièvre, l'épilepsie, les asthmes convulsifs, etc., vous leur trouverez à tous ces périodes et ces accès réglés.

La phlogose, cause des règles, n'existe pas dans l'enfance, parce que le système des nerfs n'est pas assez solide; la liqueur spermatique n'y existe point encore, ou, au moins, est bien foible alors. En un mot, Vénus n'est point encore sortie des eaux.

Elle cesse dans la vieillesse, parce que les sources de cette liqueur princesse se ferment, se tarissent, et que ce qui en reste a perdu sa spirituosité ; l'amour est de glace.

La jeunesse est l'âge des règles, parce que c'est l'âge des plaisirs, parce que la liqueur séminale qui en fait l'ame, pour ainsi dire, abonde dans les deux sexes, et sur-tout dans les organes de la volupté par excellence ; c'est donc à cet âge, et dans ces organes principalement, que ces esprits voluptueux dont nous avons parlé, doivent produire la phlogose que nous donnons pour principe des règles.

Voilà l'extrait précis du systême de M. le Cat sur la cause du flux menstruel ; il me paroît en tout conforme à celui de M. Bordeu sur le même sujet ; je dirois presque que c'est sur celui du premier, que le dernier a calqué le sien ; l'un et l'autre admettent une redondance particulière dans la matrice, non comme cause de ce flux périodique, mais comme une surcharge dont la phlogose doit bientôt la délivrer. L'un et l'autre forment cet engorgement ou d'esprits dépravés, ou de liqueurs excrémentitielles. L'un veut que la phlogose voluptueuse soit la cause de l'évacuation qui en doit décharger l'organe ; l'autre prétend que c'est par les impressions que l'esprit séminal y fait. L'un et l'autre considerent la liqueur séminale comme l'ame des plaisirs ; elle abonde, selon eux, dans les deux sexes, sur-tout dans les organes de la volupté : c'est elle qui y imprime ces sensations délicieuses qui donnent naissance au desir. Enfin, l'un

et

et l'autre pensent que la nature a eu le même but en donnant des règles aux femmes, et des apparences de règles aux femelles des animaux, lorsque l'orgasme amoureux s'empare d'elles.

Il n'est pas difficile de concilier la légère différence qui se trouve dans le système de ces deux hommes célèbres. Nous avons dit, et nous croyons, que l'action de la matrice, sa sensibilité vitale, son appétit pour la génération, la passion de se reproduire, que l'amour, la chaleur des femelles des animaux, que l'évacuation muqueuse et sanguine qui les accompagne, sont des effets des impressions de l'esprit séminal dans ces différentes matrices, et nous avons ajouté qu'il n'existoit en nous et en elles aucune autre liqueur capable de les produire. La phlogose voluptueuse ne seroit-elle pas aussi une suite de ces impressions? Ne seroit-elle pas excitée par une surabondance momentanée de cette liqueur? Ne résulte-t-il pas de cette surabondance une cachexie bien capable de produire cette phlogose, après avoir donné lieu à la maladie désignée par M. le Cat, à laquelle elle doit remédier? Ne peut-on pas encore en induire que, conjointement avec l'esprit séminal, elle concourra à procurer l'évacuation qui doit la terminer.

Osons le dire à présent, cette phlogose voluptueuse, ces impressions de l'*aura seminalis* sont une seule et même chose; c'est donc l'*aura seminalis* qui détermine et qui est la cause des règles.

Il y a une bien grande différence entre cet exposé et celui qu'en donne le Dictionnaire encyclopédique. D'où vient cette manie de soutenir avec entêtement, et de louanger des opinions qui ne sont étayées en grande partie que sur des moyens plus propres à les infirmer, comme je l'ai dit, qu'à leur donner de la solidité, et de verser un ridicule aussi amer sur celle d'un de nos plus grands et savans maîtres, sans examen, sans réflexion ? Je crois en apercevoir la raison ; il est une classe d'arrangeurs de mots à qui il importe peu de connoître les choses, leur nature et les causes qui les produisent, qui ne brillent que par l'élégance de leurs phrases, et jamais par la solidité des raisons et des preuves, qui croyent sur parole, et qui imaginent avoir assez fait de rapporter et de copier mot à mot ce que des auteurs ont écrit avant eux. On ne fera surement pas ce reproche à M. le Cat ; il a déterminé d'une manière précise la nature des règles, leur cause, et il en a fait une application, bien et peut-être trop scientifique, aux différens phénomènes qu'elles présentent. Je peux à juste titre en dire autant de M. Bordeu, dont le système est à-peu-près le même ; on peut s'en convaincre par la lecture des ouvrages de ces deux auteurs : le premier intitulé, *Nouveau système sur les Menstrues des femmes* ; on trouvera le système du second dans son *Analyse du sang*.

FIN.

ERRATA.

Page 15, *effacez* qui ne peut avoir lieu.

Page 17, après orifice, *lisez* pourquoi les membranes peuvent s'avancer dans le vagin.

Même page, qu'elle y forme, *lisez* qu'elles y forment.

Page 34, ligne 18, *lisez* quoique se rapprochant.

Page 37, ligne 30, de la matrice, *lisez* de l'orifice.

Page 43, ligne 32, *effacez* elle.